HISPANIC TEXTS
general editor Peter Beardsell
  Department of Hispanic Studies, Universit

C000139079

Julio Cortázar, *Siete cuentos*

Julio Cortázar

Siete cuentos

edited with introduction, notes and vocabulary by

Peter Beardsell

Manchester University Press

Manchester and New York

distributed exclusively in the USA and Canada by St. Martin's Press

Introduction, notes, etc. © Peter Beardsell 1994
Spanish text © Julio Cortázar and the estate of Julio Cortázar 1993
'La noche boca arriba' and 'Final del juego' from *Final del juego* © 1956
'Las babas del diablo' from *Las armas secretas* © 1959
'La isla a mediodía' from *Todos los fuegos el fuego* © 1966
'Recortes de prensa' and 'Queremos tanto a Glenda' from *Queremos tanto a Glenda y otros relatos* © 1981
'Botella al mar' from *Deshoras* © 1982

Published by Manchester University Press
Oxford Road, Manchester M13 9PL, England
and Room 400, 175 Fifth Avenue, New York, NY 10010, USA

Distributed exclusively in the USA and Canada
by St. Martin's Press, Inc., 175 Fifth Avenue, New York, NY 10010, USA

British Library Cataloguing-in-Publication Data
A catalogue record for this book is available from the British Library

Library of Congress Cataloguing-in-Publication Data
Cortázar , Julio.
    Seven stories / Julio Cortazar; edited with introduction, notes, and vocabulary by
Peter Beardsell.
        p. cm. — (Hispanic texts)
    Includes bibliographical references (p.).
    Contents: La noche boca arriba – Final del juego – Las babas del diablo – La isla
a mediodía – Recortes de prensa – Queremos tanto a Glenda – Botella al mar.
    ISBN 0-7190-3923-1 (paper)
    1. Spanish language — Readers. I. Beardsell, Peter R., 1940-
II. Title. III. Series.
PQ7797.C7145A6   1994
468.6'421—dc20   93-11674
                                                                                 CIP

ISBN 0 7190 3923 1 paperback

Typeset in Times
by Koinonia Ltd, Manchester
Printed in Great Britain
by Bell & Bain Ltd, Glasgow

Contents

Preface

The main purpose of this edition is to make Cortázar's short stories more accessible to readers at all levels. Widely acknowledged as one of Latin America's greatest modern fiction writers, Cortázar has made a contribution of international class to the development in the short story as a literary form. One of the main obstacles for sixth-formers and university students, however, is the fact that no matter which of the eight original collections we choose, we find a number of items that demand a great deal of effort, even from a reader whose native language is Spanish. Their linguistic freedom, their ambiguity, and their thematic complexity have encouraged the notion that Cortázar is too 'difficult' or 'obscure'. It is, however, an exaggerated impression. Cortázar may be read, understood, studied, and enjoyed through a selection of stories in which the level of difficulty is no greater than that of the work of any of his contemporaries.

The seven stories in this volume have been chosen to make this possible. Although they should not be too formidable for sixth-formers or first-year university students, either linguistically or thematically, I do not claim that they are intellectually the seven least demanding. In making the selection I have taken into consideration quality, importance, variety, and entertainment value. Some are famous examples of Cortázar's contribution to the genre of 'fantastic' literature, while others demonstrate his social and political concern. Four stories come from probably the best-known collections of his early to middle periods: 'La noche boca arriba' and 'Final del juego' from *Final del juego* (1956); 'Las babas del diablo' from *Las armas secretas* (1959); and 'La isla a mediodía' from *Todos los fuegos el fuego* (1966). But three are added from his later production: 'Recortes de prensa' and 'Queremos tanto a Glenda' from *Queremos tanto a Glenda y otros relatos* (1981); and 'Botella al mar' from *Deshoras* (1982). The editor and publisher are grateful for permission to reproduce these texts here.

I also wish to thank Herbert Ramsden for encouraging me to plan this edition while he was general editor of the series, and Steven Boldy, Giovanni Pontiero and Ruth Aedo-Richmond for perceptive comments and helpful advice during its preparation.

P.B.

Introduction

Cortázar, the new narrative, and the 'Boom'

With his second novel, *Rayuela* (1963), Julio Cortázar established himself as one of the leaders of Latin America's 'new novel', or 'new narrative' as it was later to be called,[1] and ensured that his name will always be associated with the unprecedented surge in popularity enjoyed by Latin American literature during the 1960s. *Rayuela*'s great impact derived from the way it encapsulated current trends (combining the search for Latin American identity with the universal quest for the meaning of life) while setting a new record for technical experimentation. Like several other writers of his generation, however, Cortázar was already becoming known through his earlier works when a number of factors coincided to produce the phenomenon known as the 'Boom'.[2]

In Cortázar's case the short story had been as important as the novel. His first published piece was a story, and two collections of short stories preceded the first two novels. With perspective we can see how little this pattern changed throughout his career: four novels, ten collections of stories, a play, and a few volumes containing essays and material difficult to classify. It is true that many of his stories differ from the novels in the sense that they alone may be ascribed to the genre known as fantastic literature. Also – as the present selection demonstrates – there are perceptible shifts of emphasis in the stories of different periods. But at a deeper level his prose fiction is an integrated whole. The stories express the same fundamental preoccupations as the novels, and they make their own contribution to the process of renovating language and experimenting with techniques.

After the Cuban Revolution (1959) Spanish American writers responded to the heightened political mood in their hemisphere. They were stimulated by the vogue for greater freedom and change, and they played

---

[1]The term *nueva novela* was an explicit link with the French *nouveau roman*. The vital contribution of the short story was acknowledged in the wider term *nueva narrativa*.

[2]This rapid expansion in sales, combined with a sense of cultural renaissance, may be ascribed chiefly to the years 1962–72, with a climax in 1967–70.

1

a part in the process of liberalisation (which, in most countries, was to last no longer than the decade itself). The enhanced interest in Latin America throughout the world greatly increased the market for its literary output, while Latin American readers themselves, now more inclined to believe that their literature had achieved international status, bought more books by their own authors. Publishers in Buenos Aires, Mexico City and Barcelona made their contribution by promoting public interest in this fashionable product and virtually guaranteeing an outlet for selected authors. Editions of novels rose from under 3,000 before the 'Boom' to over 25,000 (in certain cases to over 50,000).

It was above all this sales explosion that led to the introduction of the Anglo-Saxon word 'Boom'. But the sheer volume of production does not in itself account for the sense that this was a special moment in the history of Spanish American literature. For some years a process of universalisation of themes and innovation of techniques had been taking place. The *nueva novela* was a product of the movement, whose moment of acceleration occurred when the major novels of established authors appeared virtually at the same time as the remarkable early works of a younger generation. And although it was prose fiction that achieved the greatest popularity, the other genres also thrived in the improved creative atmosphere and with the enhanced critical attention.

A sense of cohesion grew among the 'core' authors (Cortázar, Carlos Fuentes, Gabriel García Márquez, and Mario Vargas Llosa) and other participants. Often based in exile, they tended to meet and publish in the same centres: Buenos Aires and Mexico City at first; Paris and Barcelona later. They shared a sympathy for the general aims of Cuba's revolution, took part in cultural events in Havana, and served on the panel of judges for the Casa de las Américas annual literary prizes. In magazines and literary journals – and in particular *Mundo Nuevo* (1967-71) – they contributed articles on literary and political issues, and were themselves the subjects of numerous studies. Naturally, the impression that they were involved in a kind of cultural renaissance was not shared by some of their fellow writers, or by some of the literary critics. But the commotion caused by detractors served mainly to increase the impact of the 'Boom', and several figures who were not directly associated with it undoubtedly enjoyed some of the benefits.

The features regarded as typical of the 'Boom' period teach us a good deal about Cortázar himself. Spanish American writers adopted a predominantly international outlook, experimented with form and with language, introduced ambiguity into the themes and their presentation, blurred the boundaries between reality and unreality, and explored the subconscious and the hallucinatory alternative worlds. Many of their

2

works, mixing real and fantastic elements, may be designated by the terms 'artistic realism' or 'fantastic realism'. Some fall into the category of 'magical realism', when they attempt to capture the mysterious quality, the collective mythology, or the colossal scale of Latin American reality. Cortázar rejected the term *realismo mágico* for his work though, as we shall see, he acepted the the term 'fantastic literature' for his stories.

There was also a widespread feeling that a Spanish American writer must inevitably respond to the social and political conditions of his age. Although there was no consensus among Cortázar's contemporaries over the precise relationship of art to society, there was a generalised tendency to be critical of military or authoritarian rule, political corruption, poverty and oppression, consumerism, and US economic domination. Moreover, reflecting the popular aspiration for a greater freedom, writers often made a point of liberating themselves from political and moral restraints on their language and themes, testing the limits of State and Church censorship. A more open treatment of sexual themes was one of the most significant consequences. In all periods of Cortázar's short stories we find this frankness, though his sociopolitical comment belongs mainly to his later phases.

Eventually, changing circumstances accentuated the differences among writers associated with the 'Boom'. The liberalising trend in governments was transformed into a generalised swing to the right that led to the imposition of notoriously oppressive (and often violent) military dictatorships. Some authors began to experience a sense of disenchantment with the Cuban Revolution (when the regime adopted a less flexible attitude towards free expression). A growing rift occurred between those determined to devote their work to the purpose of changing society and those who saw artistic creation as the writer's first duty. Another bone of contention was the decision of some of the most successful authors to live in exile, their preference for residence in Europe being particularly controversial. And with regard to purely literary and linguistic matters, certain technical features that had once seemed innovative and experimental began to look hackneyed and strikingly dated.

Although such developments marked the end of the 'Boom', the post-'Boom' showed that Latin American culture would remain permanently on the international scene. While established writers continued to publish (in Spain instead of Latin America when necessary), a younger generation entered the stage, stimulated by the 'Boom' or rebelling against its trends. Julio Cortázar's later production testifies to the continuing high quality that characterised the post-'Boom' era.

Argentina and France

One of the long-standing preoccupations among Latin American writers is the relationship between the European and the indigenous aspects of their heritage and identity. But there is no consensus of opinion among them on this issue. In response to the notion that New World writers should emphasise their cultural and linguistic independence from Europe, the most cosmopolitan of all Argentinians, Jorge Luis Borges, had always denied the existence of any dichotomy between the autochthonous and the foreign in his nation's culture. To be an Argentinian writer was to be an amalgam in which some of the elements were bound to be European.[3] In Cortázar's case the particular form that this problem took was the blending of Argentinian and French backgrounds. For the first three and a half years of his life he was in Brussels (1914-18), where his father had a diplomatic posting. He then spent thirty-three years in Argentina (1918-51), his early career divided between various teaching, translating and editorial jobs. It is worth mentioning that his library at home showed a preference for books in French and English, and that one of his posts was as a teacher of French literature at the University of Cuyo (in north-western Argentina). The remainder of his years (1951-84) he lived in France, where he held a post with UNESCO. This period saw the publication of virtually all his creative writing. The Argentina/France duality and its associated psychological problems are central to *Rayuela* and – in different ways – to stories such as 'La noche boca arriba', 'La isla a mediodía', and 'Recortes de prensa'.

Although a European base proved beneficial to Cortázar in that it boosted his international prestige and helped to create an image of him as a quintessentially 'Boom' author, it also caused him to rack his conscience when the issue of voluntary exile produced powerful reactions in Latin America. With perspective we can see how his conscious decision to continue living in France remains compatible with his constant reassessment of political attitudes, though 'Recortes de prensa' expresses an anguished rather than complacent point of view. In an interview late in his life he explained that he had been fairly indifferent to Latin American politics until the Cuban Revolution.[4] He left Argentina for France in the year of Juan Domingo Perón's re-election to the presidency. Coming from the middle classes like most of his fellow-intellectuals in Argentina, he was anti-Peronist at the time. Only later did he realise the extent of Perón's contribution to mass movement. 'En realidad nuestro deber hubiera sido no unirnos a Perón pero sí, trabajar paralelamente con ese movimiento.'[5] In France he was not comfortable with everything that he saw: 'Todo lo

[3]See Jorge Luis Borges, *Discusión*, *Obras completas*, Vol. 6, Buenos Aires, 1961.
[4]Evelyn Picón Garfield, *Cortázar por Cortázar*, Mexico, 1978, p. 49.
[5]Picón, p. 51.

que Francia es, capitalismo y sociedad de consumo e injusticia social, me es profundamente repugnante'; but it is clear that the paramount feeling was one of affinity, 'un contacto muy profundo con la cultura, con los valores esprituales'.[6] At the end of his life he was seeking dual Argentin- ian/French nationality. 'Yo soy un argentino y lo seré siempre', he explained, 'Pero la ventaja es que se pueden tener las dos nacionalidades. En el plano técnico es muy útil, porque yo estoy un poco cansado de ser un extranjero en Francia sin poder participar de la vida política francesa.'[7]

Cortázar's close but stormy relationship with Cuba is symptomatic of another aspect of his political ideology. He eventually came to believe that in Latin America, where slow reform proved unsuccessful, revolution was the only viable means, though he did not appear particularly satisfied with the practical results. In its theoretical form, socialism, not capitalism, appealed to him.[8] But he envisaged a socialism in which the individual would be allowed to develop his full personality ('todas sus dimensiones intelectual, erótica, lúdica, todo lo que hace un hombre dentro de un contexto de justicia social y de libertad'.[9] and Cuba seemed to prove that in revolutions human error among the leaders undermined their achieve- ments. The communism of the former USSR was also defective: Stalinism was a deviation, 'una enfermedad del socialismo'.[10]

In this light Cortázar – whose works, even in the 1960s, captured the imagination of intellectuals in a cultural movement steeped in the ideol- ogy of the left – emerges as an author constantly reassessing his position, critical rather than dogmatic, responding to sociopolitical changes. It was a period when some of his colleagues passionately proclaimed the writer's duty to work for social and political reform. Cortázar adjusted to this stance during the 1970s: 'Si en otro tiempo la literatura representaba de algún modo unas vacaciones que el lector se concedía en su cotidianeidad real, hoy en día en América Latina es una manera directa de explorar lo que nos ocurre.'[11] For many of his contemporary authors this entailed the adoption of a suitably popular level of expression or, in other words, the avoidance of an excessively complex, 'élitist' manner. Cortázar cau- tiously and respectfully rejected the writing of literature for the masses as appropriate in his own case. He was best equipped to write differently, he

[6]Picón, pp. 49–50.
[7]Picón, p. 54.
[8]Picón, p. 65.
[9]Picón, p. 49.
[10]Picón, p. 65.
[11]Julio Cortázar, *Al término del polvo y el sudor*, Montevideo, 1987, p. 62. (Reprinted from 'Realidad y literatura en América Latina', *Cuadernos de Marcha*, Segunda Época, Año II (13), 1981.)

argued, and although at that particular moment his books were read by relatively few they would eventually be appreciated by a far wider public, as always happened.[12]

Fantasy and the short story

'Casi todos los cuentos que he escrito pertenecen al género llamado fantástico por falta de mejor nombre', declared Cortázar in the early 1960s.[13] This classification was loosely tenable, though it would have been less appropriate two decades later. According to the classic definition of the genre, offered by Tzvetan Todorov, the fantastic exists where 'in a world which is indeed our world, the one we know, ... there occurs an event which cannot be explained by the laws of this same familiar world'.[14] Only if the author refrains from explanations does the event remain fantastic ('fantastique') and avoid slipping into another category. If it were definitely imagined it would belong to the uncanny ('l'étrange') while if it were definitely supernatural or magic it would belong to the marvellous ('le merveilleux'). Todorov believes that the fantastic, which had its heyday in the eighteenth and nineteenth centuries, has lacked 'aesthetically satisfying examples' since Maupassant.[15] His excessively dogmatic view is contradicted by many of Cortázar's tales, which frequently meet the necessary criteria, including the 'hesitation' between the real and the imaginary, or between the real and the illusory.[16] Todorov admits that examples of this 'hesitation' still occur, but insists that it is exceptional for it to be

> thematized by the text itself ... By the hesitation it engenders, the fantastic questions precisely the existence of an irreducible opposition between real and unreal. ... The literature of the fantastic is nothing but the bad conscience of the positivist era. But today we can no longer believe in an immutable, external reality.'[17]

In contrast with this opinion, Cortázar considered the development to be incomplete:

> El hombre de nuestro tiempo cree fácilmente que su información filosófica e histórica lo salva del realismo ingenuo. En conferencias universitarias y en

[12]Picón, p. 53.
[13]Julio Cortázar, 'Algunos aspectos del cuento', *Casa de las Américas*, La Habana, II (15–16), 1962–63, p. 3.
[14]Tzvetan Todorov, *The Fantastic. A Structural Approach to a Literary Genre*, translated by Richard Howard, Cleveland and London, 1973, p. 25.
[15]Todorov, p. 166.
[16]Todorov, p. 36.
[17]Todorov, pp. 166–8.

6

charlas de café llega a admitir que la realidad no es lo que parece, y está siempre dispuesto a reconocer que sus sentidos lo engañan y que su inteligencia le fabrica una visión tolerable pero incompleta del mundo. Cada vez que piensa metafísicamente se siente 'más triste y más sabio', pero su admisión es momentánea y excepcional mientras que el continuo de la vida lo instala de lleno en la apariencia, la concreta en torno de él, la viste de definiciones, funciones y valores.[18]

There was still a place, therefore, for a literature that shook readers out of this 'continuo de la vida'.

In his replies to questions about the origins of his stories and his purpose in writing them, Cortázar gave an interesting insight into the difficulties of explaining artistic inspiration. His stories were based on lived experiences rather than sheer mental processes, he said,[19] though they came to him like dreams.[20] Writing them was an attempt to grapple with nebulous problems that terrified or fascinated him.[21] During their composition he granted the stories considerable freedom from authorial control: when he began writing he was unaware how things would develop, so that the endings tended to surprise him.[22] The question of the readers' response did not enter his head until the revision stage.[23] Authorial intention is explicit in comments uttered late in his career, when he saw his role as that of enriching the mental horizon of readers, who were the vanguard of the inner revolution needed in any political revolution. But even earlier he saw his writing as a means of challenging readers to share his spirit of metaphysical enquiry. If he, as writer, questioned his place in a world that did not make sense, his readers would surely be encouraged to do the same, with valuable results.[24]

In this idea lies the ultimate seriousness of fantasising. Each story contains an anecdote that expresses the author's sense of estrangement and provokes the same response in the reader.[25] The fact that the fantastic breaks away from the 'real' or is inserted into it seduces the reader without his being aware. Cortázar's fiction, therefore, opens the way to a shared

[18]Julio Cortázar, *La vuelta al día en ochenta mundos*, Mexico, 1967, p. 21.
[19]Picón, p. 15.
[20]Cortázar, *Al término* ..., p. 220. (Interview with Omar Prego, 'Julio Cortázar, entre la revolución y el mito', first published in *Cuadernos de Marcha*, Segunda Época, Año III (17/18), 1982.)
[21]Quoted in Carmen Mora Valcárcel, *Teoría y práctica del cuento en los relatos de Cortázar*, Sevilla, 1982, p. 75 from Luis Harss, *Los nuestros*, Buenos Aires, 5th ed, 1973, pp. 269–70.
[22]Picón, p. 17.
[23]Picón, p. 58.
[24]Cortázar, *Vuelta* ..., p. 21.
[25]Cortázar, *Vuelta* ..., p. 25.

sense of estrangement, by leading the reader into a position where customary things are seen in a new light and cease to be comforting. If this leads to a fuller understanding of reality it means that the stories are realist as well as fantastic. Reality is always present in them: 'Mis cuentos no solamente no la olvidan sino que la atacan por todos los flancos posibles.'[26] And as Cortázar pointed out, the consequence is a literature void of happiness, but full of problems, anguish, misfortune, and death.[27]

The seven stories: critical analyses

'La noche boca arriba'

In a reading of 'La noche boca arriba' *what happens* to the motorcyclist is no more than a starting-point, for the story's emphasis shifts away to *what is dreamed*, and we are compelled to reassess our understanding of the two levels of experience. But let us adopt the approach that Cortázar assumes we will take, and offer a first version of events based on a conventional, materialist notion of reality. A man involved in a motorcycle accident is taken to hospital, suffering from severe shock, a broken arm, a damaged knee, a cut eyebrow, and unspecified internal injuries. He undergoes an operation and falls into a feverish state in which a dream fills his mind. Three times he awakes, lying on his back on a hospital bed, but he repeatedly slips back into the dream, which gains in intensity until he believes that the motorcycle accident is the dream, and his dreamed state the reality.

This reading of the story, however, clearly fails to give sufficient attention to the content of a dream that occupies approximately half the total space. The structure reveals how the dream's importance grows as the material world's presence diminishes:

A street + hospital ('A mitad ... alguien parado atrás'): 78 lines;
B dream ('Como sueño ... hacia adelante'): 35 lines
C hospital ('Se va a caer ... abandonándose'): 37 lines
D dream ('Primero fue una confusión ... desde atrás'): 39 lines
E hospital ('Es la fiebre ... poco a poco'): 37 lines
F dream ('Como dormía ... el centro de la vida'): 53 lines
G hospital ('Salió ... en un vacío otra vez negro'): 17 lines
H dream ('y el pasadizo ... las hogueras'): 33 lines

Although there are some hazy borders in F and H, this plan highlights the symmetries that indicate authorial care. Five of the eight sequences are of almost identical length, to suggest an even fluctuation between hospital

---

[26]Cortázar, *Al término* ..., p,119. (From 'Literatura en la revolución y revolución en la literatura: algunos malentendidos a liquidar', first published in *Marcha*, Año XXXI, 1477 and 1478, 1970.)

[27]Cortázar, *Al término* ..., p. 217. (Prego, 'J.C., entre la revolución y el mito'.)

and dream; the first is exactly a double-length sequence, to establish the story's basis in 'reality', while the disproportion between F (53 lines) and the 'norm' (average: 36) is precisely the number of lines in sequence G (17), emphasising that dream is replacing 'reality'; and the final sequence is of 'normal' length again to show how dream has become the 'norm'. It is therefore essential for us to understand the full significance of the dream before we can arrive at a satisfactory reading of the story.

The protagonist of the dream sequences is an Indian, hiding at first from an Aztec war party during one of the periodic *guerras floridas*.[28] Despite his efforts he is cornered, deep in a forest, and captured. He finds himself next lying on his back, bound hand and foot, in a dungeon, awaiting his turn to be sacrificed. He is then carried through a long passage and up the steps of a pyramid to the sacrificial block, where a priest approaches him with a stone knife in his hand.

On one level, at least, the story may be regarded as an account of trauma after an accident, and there is enough verisimilitude to give it some resemblance to a clinical case. The protagonist's nausea and stomach contractions provide a classic somatic condition to stimulate dreams, especially nightmares featuring terror and death.[29] Moreover, it is quite easy to find evidence of stimuli for the dream's contents in other instances of what Freud called 'objective sensory excitations'.[30] The dream has a number of features in common with the 'real' situation, with the kind of distortion that might be expected. The protagonist of both finds himself in the position emphasised in the title, the closing lines, and elsewhere in the text: on his back, (a) as he is carried (the motorcyclist to the chemist's, then to hospital, and the Indian to imprisonment, then to the pyramid's summit), and (b) as he lies immobile (in the hospital bed and in the dungeon). The text itself also draws attention to the man with a knife who approaches both victims (the surgeon in one case, the priest in the other). Both the motorcyclist and the Indian travel through trees (on the way to hospital and at the moment of capture). Strong smells are prominent (the 'olor a hospital' and the sense that 'huele a guerra'). A pain in the right arm is a notable sensation (caused by the accident and by the struggle to break free). Day becomes night, the darkness being illuminated by isolated sources of light (the hospital lights and the bonfires). And given the known cases of linguistic transference from reality to dream, it is even logical to deduce that the choice of Indian name, *moteca*, derives from a word such as *moto*, *motocicleta*, or *motociclista*.

[28]See Endnote 1.
[29]Sigmund Freud, *The Standard Edition of the Complete Psychological Works of Sigmund Freud*, Volume 4 (1900), *The Interpretation of Dreams*, London, 1953, p. 35.
[30]Freud, *The Interpretation of Dreams*, p. 22.

As an instance of individual psychology, the story may possibly have its inspiration directly or indirectly in such famous cases as the dream of Maury, cited by Freud and others, in which a man lying ill in bed dreams of his own execution.[31] A principal reason for the pre-Columbian Indian content of the dream would therefore be that it provides Cortázar with a natural context for the expression of fear, pursuit, capture, anticipation of inevitable death, and execution. We could imagine that the motorcyclist is feeding on a prior (but perhaps forgotten) knowledge of the *guerras floridas*. To interpret the events Freud himself might well have seen a psychological inclination towards the very thing that is apparently feared by the sick man: death. In other words, it would illustrate a death instinct or a disguised wish-fulfilment. Without special attention to the context of the *guerras floridas*, an interpretation based on the notion of wish-fulfilment would be widely disputed by more recent psychoanalysts. With the benefit of a Latin American anthropologist's insight, however, this interpretation acquires a new logic. Human sacrifice was considered a necessity to placate the anger of the gods, to keep the sun on its course, and to ensure ample harvests and victory in war. The Aztec people as a whole enjoyed the practical benefits; but the victims themselves were guaranteed benefits of a more permanent kind. 'The victims tended themselves to *become* the god to whom they would be sacrificed. … In a sense, therefore, they died *as* the god, not *for* the god. … The captive even considered himself as chosen by the sun or by the god, and thus specially honoured.'[32] Of course, the *moteca* Indian of this dream suffers terror and resists to the last. (And he receives none of the ritual fêting that was customary.) But it could be inferred that underlying the natural resistance to the prospect of dying, the mind of the motorcyclist himself may be rejecting an insignificant fatal accident and welcoming a death that is part of a higher order, affording him a kind of eternal life.

This interpretation of the dream, consistent as it is with the kind of psychological and anthropological logic that Cortázar would expect of a constructive reader, still leaves us with an incomplete understanding of the story itself, which in all probability feeds on theories of myth and the collective unconscious expounded by C. G. Jung. As 'un lector bastante bueno de Jung', Cortázar admitted to a firm belief in the ability of his psychoanalysis to explain many literary and artistic phenomena – 'el inconsciente colectivo, por ejemplo'.[33] According to Jung, there is an unconscious in every individual which can hold and express the accumu-

---

[31]The stimulus in Maury's case was different. See Freud, *The Interpretation of Dreams*, pp. 26–7.
[32]Nigel Davies, *The Aztecs. A History*, London, 1973, pp. 171–72.
[33]Cortázar, *Al término* …, p. 218.

lation of human experience:

> Besides the obvious personal sources, creative fantasy also draws upon the forgotten and long buried primitive mind with its host of images, which are to be found in the mythologies of all peoples. The sum of these images constitutes the collective unconscious, a heritage which is potentially present in every individual.'[34]

What triggers this is a situation in which the conscious mind 'has somehow got stuck'; 'the unconscious takes over the forward-striving function … The contents then pouring into consciousness are archetypal representations of what the conscious mind should have experienced if deadlock was to be avoided.[35]

In the context of Cortázar's story, therefore, the motorcyclist's trauma prevents his conscious mind from coping adequately, and the unconscious 'takes over' with archetypal behaviour based on Aztec mythology. It is conceivable that Cortázar had read the passage in Jung's work about a person whose unconscious created the 'apparition of an Aztec';[36] it is certain that he had read the chapter entitled 'The Sacrifice'. Here, Jung explains the sacrificial act in a dream as killing off the hero to 'help the dangerous situation of the conscious mind',[37] or – more pertinently – as 'self-sacrifice of the hero for the attainment of immortality.'[38] It is a means by which man compensates his fear and is reconciled to the inevitability of death.[39] To follow Jung one step further: 'the act of sacrifice is a fertilization of the mother: the chthonic serpent-demon drinks the blood, i.e. the soul, of the hero. In this way life becomes immortal, for, like the sun, the hero regenerates himself by his self-sacrifice and re-entry into the mother.'[40] And Cortázar's hero – whose trauma is caused, incidentally, by a collision with a woman – has a matching fate, for according to Aztec custom human sacrifice was often (some sources say usually) made to the god Huitzilopochtli, whose mother was Coatlicue/Tonantzin – the earth-goddess.[41] In the light of this Jungian interpretation of the dream, the story's epigraph needs to be considered not merely as a preparation of the reader, or an authoritative source of information, but as the true beginning, before sequence A in the structural scheme given above: 'Y salían en

[34]C. G.Jung, *The Collected Works of C. G Jung*. Volume 5, *Symbols of Transformation. An Analysis of the Prelude to a Case of Schizophrenia*, London, 1956, p. xxix.
[35]Jung, p. 397.
[36]Jung, p. 183.
[37]Jung, p. 397.
[38]Jung, p. 412.
[39]Jung, p. 431.
[40]Jung, p. 432.
[41]Davies, pp. 171, 307.

ciertas épocas a cazar enemigos; le llamaban la guerra florida.' That is to say, the story begins from the standpoint of the *moteca*, who belongs to the mythical archetype, the collective unconscious on which the motorcyclist's unconscious draws. The tale of a motorcyclist's accident is merely an individual case, compressed within a universal framework.

Although these psychoanalytical interpretations are justified by the juxtapositioning and counterbalancing of 'reality' and dream, it is important not to treat the story merely as though it were the report of an actual clinical case. Ultimately, it is the product of Cortázar's artistic imagination, and entertains and provokes thought on a less scientific level. Its presentation as text draws our attention to certain keys.

Instead of narrating from a first-person standpoint – frequently chosen by writers to express a protagonist's inner thoughts – Cortázar adopted the third-person narrative, the most common of all in fiction, and the norm for newspaper reporting and history books. From the first sentence ('pensó que debía ser tarde, y se apuró a salir a la calle') the psychic and the physical share the same air of normality. The text tells only what the protagonist's mind (conscious or unconscious) perceives. At times this means a jumble in which spoken words intermingle with thoughts and sensations: 'Opiniones, recuerdos, despacio, éntrelo de espaldas' (p. 48). As the fever increases the protagonist becomes less able to distinguish between the world of objects and the world of imagination and fiction. But the text continues to narrate his attempts to analyse the change: 'Las cosas tenían el relieve como de gemelos de teatro'; 'como estar viendo una película'. (p. 50) The transition from the first 'normal' standpoint to the final one is made as the dream sequences gradually contain more of the analysis, making them seem like conscious thought, until eventually the process leads him to a confident reversal by which material reality is subordinated by psychic reality.

A parallel transition is made in the concepts of identity and time. In the first paragraph the question of what constitutes an individual's identity is foreshadowed by the simple explanation of the protagonist's anonymity: 'porque para sí mismo, para ir pensando, no tenía nombre'. The need for a name belongs to the realm in which a person is perceived by others: his material existence. Anonymity implies the rejection of the objective and the material. It also points away from the specific towards the universal, and therefore reinforces the idea that, though there are different ways of dying, death itself is a constant. Similarly, in the hospital the motorcyclist begins to lose his grasp of time: memory of the precise moment of his accident has been replaced by an empty void; the lapse of time since then has become 'una eternidad' (p. 52); time is confused with space ('distancias inmensas'). Like anonymity, it negates the significance of an

12

individual life-span in relation to endlessly repeated human experience in different epochs and different places on our planet.

To strengthen the meaning of reversals in the story, two complementary effects are achieved. One is the conversion of the dream into an alternative world, in many respects an opposite to the 'real' world. Contrasts are striking: ancient/modern; Indian/motorcylist; sacrificial victim/casual accident; pyramid/hospital; execution/cure; terror/pleasure; certainty of death/confidence in survival. Dream is therefore the means by which this story introduces us to the realm of 'otherness', so common in Cortázar's fiction.

The second effect is an intensification of the level of experience, as the focus of attention shifts from the 'real' world to the dream. At the beginning of the story the 'real' world is presented as one that is experienced through a variety of senses, in the following order: thought, sight, emotion, physical sensation, sound, taste, and – in hospital – smell. It is the olfactory sense that predominates in the early part of the dream, emphasising the particularly 'real' quality of the dreamer's experience, but before long the other senses join it. The exciting nature of the events themselves increases the reader's involvement in this process, introducing curiosity, suspense, fear, hope … , with the result that we too become committed to the outcome of the alternative situation. The reader is enabled to appreciate the protagonist's discoveries: reality is ultimately not physical but mental; and at the point of death individual identity and fixed moments in time become subordinate to eternal issues.

Final del juego

It is the world of play, not of dream, that leads characters and readers into an alternative plane of experience in 'Final del juego'. Essentially, play was for Cortázar – as it is for everyone – a primordial need, counterbalancing work and obligation.[42] But he explained that in his novels and stories playing games has a fundamentally serious purpose, since it represents the struggle of the man-child to round off the game of his life. 'Porque un juego, bien mirado, ¿no es un proceso que parte de una descolocación para llegar a una colocación, a un emplazamiento – gol, jaque mate, piedra libre? ¿No es el cumplimiento de una ceremonia que marcha hacia la fijación final que la corona?'[43] In the most famous case, the novel *Rayuela*, hopscotch stands for the universe, through which the participants progress with a mixture of luck and skill. In 'Final del juego', too, the players begin out of place and work their way towards a regular, or

[42]Picón, p. 52.
[43]Cortázar, *Vuelta* …, p. 21.

13

final, position. They set up a realm in opposition to the problems of living, only to arrive at the point where evasion is no longer possible.

The background to three sisters' invention of an elaborate game seems at first to be no more than a mildly humdrum world, glimpsed in the domestic chores. The adult characters – all female, it will be noticed – foreshadow the girls' rather grey future. Gradually the tragic dimension, caused by one sister's deteriorating health, emerges in a dominant light. It is clear that many kinds of play are incorporated into the daily routine. The girls' mischief during the washing-up is an immediate example of playful distraction. But before long they and other characters show that role-play can serve as a shield from the truth: the family avoid any mention of Leticia's paralysis; the girls imagine and create a false social image (they imagine a superior school for Ariel and feign their own advanced studies); Ariel maintains a polite attentiveness during the uncomfortable conversation. Even the narrative method participates in the game, for it quickly misleads the reader by establishing a deceptive mood of humour, exemplifying our common practice of using words to cast a veil over an uncomfortable truth. In the course of the story, however, these forms of play suffer a common fate of disruption and disillusion, as does the principal game itself.

In the light of these observations, the girls' special game becomes no more than a heightened expression of human behaviour, the epitome of people's need to play. It is notable that to reach their *reino* they escape through a white door (bright, and susceptible to invention like an empty page) into the breeze of freedom. The nearby railway bank elevates them above the level of the surrounding world, its sparkling granite stones giving it a precious appearance against the dull backcloth of the river. A touch of danger adds to its attractions. At the centre of their realm, concealed beneath willow trees, a stone, and the lid of a box, lie the ornaments that permit them to act and invent. The laws of their realm are not those of the world outside. Here they control everything except the drawing of lots (though even in this they retain the ultimate right to intervene). All play entails adherence to a particular set of rules, to various degrees different from the norm. The realm of play is therefore capable of being a release and a form of protection. In this case an enhanced sense of protection derives from the fact that, having created the rules, the players govern events all the more tightly.

According to these rules, each time the 2.08 train from Tigre passes on its way to Buenos Aires city centre, curving around their home in the suburbs, one of the sisters pretends to be a statue or an allegorical figure. Passengers in the train momentarily become the spectators of this performance. The human values and behaviour depicted by the statues and

14

'attitudes', separated from a normal context, become picturesque and abstract, objects of contemplation rather than dynamic activities. The girls project an image of something other than themselves. And from their realm they watch the passengers, who are also on display through the windows of their own strange moving world.[44] Events that the reader observes in the girls' realm underline the sense that it displaces the other world – the one that they share with adults. Leticia is not a handicapped bystander but the leader. She plays roles of beauty, love, glamour, and wealth (Venus, a princess). She is the figure who attracts Ariel, and she is the sister who has a romantic relationship. By contrast, the other girls play negative roles (dejection, horror, disappointment, and theft).

But in this respect the events of the children's realm are not in complete antithesis to the external world. Once Ariel throws a note from the train's window there is an interference with the laws of their play. This object – this communication – from outside produces an irreparable rupture in their protected state of affairs. Emotions such as vanity and jealousy intrude in the world previously reserved for play, and transfer into the family home. Despite the girls' efforts to maintain control, their unity is broken, their normal habits are disrupted, their evening play is suspended, and they experience nightmares with uncontrollable (derailed) forces. Play has not prevented the girls' sexual awakening, but has helped to provoke a crisis that hastens their transition to adulthood. A parallel line of development is Leticia's increasing weakness and paralysis. These physical laws threaten, and eventually overcome, the alternative laws of the children's game. To preserve Leticia's idyll with Ariel, her image of unattainable beauty must be protected from the objective reality. Instead of meeting him face to face, therefore, she arranges a final encounter within the other realm, encapsulating once and for all the image of her that belongs to the game. We do not know what information her last note contains, and this mystery helps to protect the game from complete contamination, but the text of the story ends with a definitive return to the world outside, in which two sisters grapple with difficult emotions while the third faces a bleak and possibly short future as an invalid. The loss of innocence means that their particular game can not be played again.

One of the fascinating aspects of this story is that it is told by a first-person narrator who displays the naïveté of a child. In her presentation of characters and events there is often an incongruous element. Leticia's illness, for example, only occasionally causes the sympathy that one

[44]Trains fascinated Cortázar: by moving a collection of mutual strangers around in time and space they seemed separate from the rest of things, subject to unfamiliar laws. See Picón, p. 94.

15

would expect; often its symptoms are mentioned entirely without reaction (conspicuously in the penultimate sentence), and sometimes its consequences provoke a mild resentment (as in the reference to her privileges and power). Of course, although a reader realises that the story concerns all three sisters, and Leticia especially, the narrator does not. Any narrator may be egocentric, but only a child (or perhaps a madman) can be innocently so. Personal emotions intervene between the events and the reader as though they are what really count: indignation, envy, admiration, pity, affection. And the child's point of view implies a general dearth of analysis within the text itself. It ensures the reader's active participation in assembling the available facts, while at the same time permitting an insight into the psychology of a child.

The impression that the narrator determines the story's structure, style and content is, of course, an illusion. In various respects the gulf between her and the real controller (Cortázar) is all too apparent. When, as here, the reader simultaneously receives the narrator's information and observes her personality, there is potentially a classic ironical situation. For this occurs if the apparent meaning of words (the one intended by the girl) is belied by their real meaning (the one perceived by the reader) in such a way as to mock the narrator. For example, she repeatedly writes 'en realidad' without realising the pun; to say that Leticia 'en realidad dirigía el reino' is precisely the opposite of the objective truth that the reader can see (i.e. 'en el juego dirigía el reino'). If irony is one result, humour is another consequence of the disproportion between the narrator's disposition and the information imparted. (The explanation of what happens when one scalds a cat totally fails to consider the cat's discomfort.)

Play is not confined, therefore, to the theme but present in the narrative method. Some of the language used throughout this story is especially chosen to represent an unsophisticated narrator remembering childhood events. Hyperbole ('ardía Troya'), diminutives ('pobre animalito') and colloquialisms ('vaya a saber cuando') are symptomatic of this aim. But always the narrative's sophistication gently filters through without destroying the illusion. In the last sentence – to take an important instance – the clause structure effectively reinforces the bathos. The second main clause reports a fact ('imaginamos a Ariel'), while the three subordinate phrases accumulate increasingly sombre implications. And the final words ('mirando hacia el río con sus ojos grises'), which apparently allude to the scenery on the other side of the train and to Ariel's physical appearance, are carefully contrived to evoke the idea of negation and the sense of void.

A narrator unaware of the art of story-telling omits important pieces of information and introduces them at an inappropriate moment. In this story it is unclear to the reader why Leticia is spared household tasks until the fourth page, and her paralysis is not made explicit until the seventh. The nature of the girls' game emerges almost as slowly. These are two of several cases, however, where the delay is caused not by the narrator's naïveté but by the author's craft. The retention of crucial details is an old device to heighten the reader's curiosity and create suspense. Artistic intent is evident in numerous other facets of the story. Names are shown to belong to the alternative realm of representation rather than the world of physical experience: *laetitia* is a Latin word meaning delight, beauty, and state of bliss. Holanda is a distant country, Ariel is a literary and mytho-logical figure associated with spiritual as opposed to material values, Tigre is both a local river and a wild animal. The central motif of 'Final del juego' is paralysis. Leticia's disease is mimicked by the static poses that the girls adopt in their game. The world of movement in time and space, represented by the train, is juxtaposed with the immobility of the girls' childhood regime. While one sister's condition becomes an emblem of unfulfilled potential, the other two respond to their contact with external forces by moving into the adult realm.[45] 'Final del juego' can be enjoyed as a naïve narrative; but it is also a sophisticated game in which both author and reader may participate.

Las babas del diablo

The interplay between photography, writing, and reality, which are cen-tral to 'Las babas del diablo', was extended to the cinema when Michaelangelo Antonioni based his film *Blow-up* on Cortázar's story.[46] Even without the film's international fame critics would no doubt have shown an exceptionally keen interest in this story, for it is indisputably one of Cortázar's most skilful, profound, enigmatic, and entertaining. The title humorously suggests the drooling of a deranged narrator, while hinting darkly at moral issues and a non-material level of being. The structure, like that of a photograph, consists of a frame within which a version of events is represented. The events concern a man who takes a snapshot, re-lives the scene in his imagination when the photograph is printed and enlarged, and loses his normal grasp of reality. The frame is his point of view as he searches for a way of telling what has happened and understanding what it means.

[45]Only in the 'magic' world of ritual can Leticia fulfil her potential, or 'pass through'. See Lida Aronne Amestoy, 'A Quest from "Me" to "Us": Genesis and Definition of the Pursuer Motif in Cortázar', in Jaime Alazraki and Ivar Ivask (ed.), *The Final Island. The Fiction of Julio Cortázar*, Norman, 1976, pp. 155–6.

[46]See Vicente Urbistondo, 'Cinematografía y literatura en "Las babas del diablo" y en "Blow-up", *Papeles de Son Armadans*, LXXI (CCXIII), 1973, pp. 229–43.

In the first three pages we are introduced to the unstable mental condition of the story-teller, whose experience has removed his ability to distinguish between the world as it is for everybody and the world as he subjectively perceives it. He can no longer be sure how to view himself. Should he narrate as 'yo' and use a first-person form of the verb, or should he tell what happened to somebody named Roberto Michel in the third person? How does he refer to other people? Does he try to report what they saw in order to bring their points of view into the account? Was he a part of the scene that he witnessed, so that he could speak directly to one of the other participants, or group himself with them? The indecision and confusion causes the linguistic incoherence of the first paragraph and the subsequent meditation on the relationship between life and its representation in writing – or, more specifically, between living and telling.

Let us attempt to do what he cannot do: offer an account of the scene void of interpretation. Roberto Michel witnesses a woman and a boy in conversation. In a car parked nearby, a man reads a newspaper. Michel takes a snapshot of the woman and boy. The woman demands that he give her the film. The boy runs away. The man gets out of the car and approaches. Roberto Michel refuses to hand over the film, and walks away. In this version there is no indication of the photographer's emotional and psychological invovement in events. To tell what follows, however, we soon need to include such information, for it is the essence of the dénouement. Some days later Michel develops the film, enlarges the snapshot, and pins the blow-up on a wall of his room. Intermittently he takes a rest from his translating and looks at it, thinking about the implications of the scene and his own role in it. Gradually he sees movement inside the photograph: the leaves stir, the woman's hand clenches, the boy's head slumps, the woman speaks in his ear, and her hand strokes his cheek, the man moves over to them. Roberto Michel – it is essential to add – has by now interpreted the scene as one in which the woman is acting as a procuress on behalf of the man. Determined to save the boy, Michel steps forward with (he thinks) a tremendous shout. The boy flees. The man fills the frame, and his hands reach forward. Michel covers his face and weeps 'como un idiota'. In the concluding paragraph the narrative returns to the state of mind in which this experience has left him.

In attempting to summarise events we have come face to face with the very issues that perplex Roberto Michel: whether it is possible to report – or even to witness – a scene without interpreting it; whether an objective truth about it exists independently of any interpreter. As a translator, Michel was (I use this tense to indicate the period before his crisis) involved in direct transposition of meaning from one language to another.

It was not his task to interpose his feelings or opinions about the juridical or economic ideas of a professor from Santiago University, and he revealed no temptation to do so. When it came to taking photographs and to telling about things that he had seen, however, the matter was less simple for him.

At the time of his walk on the Ile St-Louis in Paris he was steeped in the prejudices that his education and his epoch had inculcated into him, yet he was already showing signs of confusion. Journalistic photography, he believed, produced inauthentic images. It was an error to assume that the camera lens was objective or neutral, for a tension existed between the photographer's control and the camera's own tendency to impose its will or to distort. (To reduce a moment of human acitivity to a chemical image was in itself a way of changing it.) The photographer should therefore be in control, selecting images that were aesthetically pleasing. Confronted with the scene in the little square, he decided at first to trust the evidence before his eyes without using the camera, so that his mind could retain full control of the way events were represented to him. But he discovered the danger of this method: his imagination invented biographies, motives, future events, and led him out of sight of the truth. The camera offered him the possibility of discovering that truth if – as was often said – a photograph could capture a fleeting moment that revealed the essence of something. And so, after all, he took a snapshot.

In view of his previous scepticism, it is significant that he should have resorted to a camera as a means of restoring things to their 'tonta verdad'. All the seeds of his eventual neurosis are revealed here. He had incomplete faith in his own perception, in the neutrality of the camera lens, in the very existence of an objective reality – and yet he needed to search for the truth, however absurd the idea seemed. What happened in his room, therefore, as he gazed at the blow-up, was the grotesque materialisation of his worst fears. If a chemically-produced image could change in content and size, if figures within it could enact a scene that he had not actually witnessed before, and if he could join them and interrupt their activities, all his previous touchstones were removed, he could no longer be sure of anything, and his grasp of reality was lost, with devastating results.

When he reports all this he is confronted with similar problems. A camera and a typewriter are different machines with similar functions, in that they are both used by the owner to manufacture a representation of reality. Their close relationship is best demonstrated by the position of the typewriter in his room, facing the blow-up of his photograph, exactly in the position that the camera lens had occupied. (Cortázar himself, incidentally, saw a close similarity between short stories and photographs, in that they are both fragments cut from reality which can act as 'una explosión que abre de par en par una realidad mucho más amplia'.[47] The similarity of his concept of 'explosión' to that of 'blowing up' an image is worth noting.) Here in 'Las babas del diablo', in case it is the best approach to the truth of what occurred, Michel makes an effort to be precise and orderly: he gives exact details of place and time. He knows (let us say) that the reader can verify the objective existence of the streets and buildings named. He also knows that outside interference in the act of writing is inevitable. (The repeated mention of passing clouds demonstrates that this is still happening to him.)

But he learns that inner interference too makes authorial control over the truth no more than an illusion. Even before his traumatic experience he could not hold his emotions or his imagination in check while he was watching the conversation in the square. The account that he writes – and we read – of the moment of trauma in his room makes no clear differentiation between objective reality, belief, personal emotion, and what we would tend to regard as hallucination. He presents as equally factual his typing of an incomplete French sentence (translation is, of course, a direct representation of an objective linguistic reality) and his sight of the woman's hand moving. He recalls his emotions (horror, indignation, and frustration) in the same way as he remembers the woman stroking the boy's cheek. He slips from a subjective point of view ('vi la mano de la mujer') to an apparently objective one ('la mujer le hablaba al oído') and back ('vi venir al hombre'), repeatedly, as though it made no difference. Indeed, after this experience he can no longer perceive any difference. His loss of confidence in the meaning of words means that he is even willing to leave, uncorrected, words that convey the opposite to what he intended: 'cesó el viento y el sol se puso por lo menos dos veces más grande (quiero decir más tibio pero en realidad es lo mismo)'. (Incidentally, the common expression 'en realidad' here obtains great irony since it can no longer refer to the objective reality commonly believed to exist.)

Since this typed report mysteriously contains, not far from the beginning, and within the space of five lines, the statements 'estoy muerto' and 'vivo' it is of some relevance to the reader to understand the nature of Roberto Michel's final condition. It should be noted that he was already a rather split personality – Chilean and French, translator and photographer – and that the scene of his photograph is located on an island, separated from the rest of the city and half-way between the two banks of the river. After the events that he narrates he is permanently separated from a world in which he never had a sure footing. Overwhelmed by the power of the

[47]Cortázar, 'Algunos aspectos del cuento', p. 6. His words were inspired by the way in which photographers such as Cartier-Bresson and Brassai defined their art.

20

photograph and its implications, rather than terrified by the menace of the man, he is not killed by the man but dead to his old existence, his former plane of reality. He still has a restricted level of awareness, but he tends to see the world in terms of frames and images (the character of photographs), void of other people (void of other potential points of view; void of emotion). His world is inhabited by the clouds and birds of his snapshot (as is fitting for a photographer who had believed that nature offered aesthetically pleasing visual material).

Time has lost the familiar appearance of chronological flow that it holds for most people. As a photographer he had already enjoyed moments when his mind blended with the external world, the pace of time's flow ceased and the pace of awareness assumed control. (As he sat on the parapet the wind ceased to blow.) Contemplating the photograph that had captured that timeless moment, he felt at first prevented from entering it by laws that governed normal experience ('prisionero de otro tiempo'). But after he crosses the barrier into the timeless world of the photograph, the 'photographic' perception becomes his norm. The word 'ahora' has lost its meaning; the distinction between time and space has become confused (so that he thinks of descending a staircase into the past); and any calculation by days has yielded to a sense of 'tiempo incontable'.

A further question that must be considered is whether the themes of reality, photography, writing, and time discussed above might be equally well served by a different core episode. It is arguable that Roberto Michel has great difficulty in telling his story because he is shocked by an encounter with moral depravity. When asked about this matter, Cortázar was inclined to suggest that the nature of the episode was irrelevant.[48] He denied that the homosexual aspect made any difference to the situation: an attempt to corrupt a young girl would be equally negative as far as Roberto Michel was concerned. He then implied that in any case the problem for Michel was not that he had seen something shocking, but that something strange had happened to him.

While accepting both these points, the reader may still be disinclined to regard the precise choice of scene as irrelevant. On at least two counts it makes a substantial contribution to the main action. Cortázar's inclusion of homosexuality in a story may be recognised as part of his general intent of breaking taboos. It may also be seen as one of various ways in which he introduces worlds that are alternatives to mainstream experience. Roberto Michel's loss of a normal touchstone derives from his encounter with other viewpoints. To witness a scene that implies (he thinks) sexual procurement, paedophilia, and pederasty is to come face to face with a

[48]Picón, p. 122.

realm that lies outside his usual experience. The confusion caused by observing or imagining behavioural deviance compounds the effects of metaphysical dislocation. As for Cortázar's second point, it should not be forgotten that he has given Michel a moral sense ('Michel es puritano a ratos, cree que no se debe corromper por la fuerza') which determines the sheer intensity of his involvement with the photograph. He is compelled to enter the scene a second time in order to allow the boy to flee again to his 'paraíso precario'. Anything less disturbing would have lacked the necessary degree of compulsion.

On balance, however, the content of the scene involving a woman, a boy, and a man is less important than the underlying metaphysical issue. Ultimately, the story concerns Michel's need to *tell*, and his floundering exploration of the appropriate means of telling. This much is clear from the predominant preoccupations on the first three pages. But telling, he acknowledges, is like any other everyday activity. To ask why he has to tell is like wondering why he lives, and the inner uneasiness ('esa cosquilla molesta del estómago') results from his fear of the void, the looming absence of an adequate explanation. After his trauma he feels deceived by the media on which he previously relied to find his way through life: his eyes, his impressions, a camera lens, and language. If he is telling in order to understand that experience, he is involved in a search for the truth about reality and about the ability of the mind to know.

La isla a mediodía

The origin of 'La isla a mediodía' was a personal experience. One day, at noon, Cortázar was flying over the Aegean from Tehran to Paris when he saw an island below. Although the place was totally unknown to him he was inexplicably attracted to it, and felt 'una sensación de maravilla y de irrealidad'.[49] A sentence in the second paragraph of the story reflects that original inspiration: 'Nada de eso tenía sentido, volar tres veces por semana a mediodía sobre Xiros era tan irreal como soñar tres veces por semana que volaba a mediodía sobre Xiros.' Ultimately this has an important bearing on our interpretation of the story's ending. If seeing the island is no more real than dreaming about it, the opposite also becomes true: dreaming about it is as real as seing it. But more immediately it suggests simply that the airline steward is sensing the unreality of his everyday life.

Given the nature of his profession, Marini is in a constant state of dislocation. He moves from one girl-friend to another, each associated with one of his various temporary stops, without enjoying a relationship

[49]Picón, p. 15.

22

that fulfils or stabilises him. Air travel epitomises his condition. When travelling from Rome to Tehran he is simultaneously *in* a place (an aeroplane) and *between* the two cities; he is both surrounded by other people and separated from the rest of the world. The window pane allows him to observe the sea and island below, but also acts as a barrier preventing him from belonging to their reality. Moreover, he relates incompletely to the passengers on board, whose requirements he meets in a mechanical and bored frame of mind. Essentially, his life is experienced as a monotonous routine, which has dulled his emotions and instilled a sense of inauthenticity. Familiar elements of a modern world contribute to this effect: plastic tables, cans of fruit juice, and the aeroplane itself.

By contrast with his manufactured world, Xiros looks like a living animal (a turtle). Still uncontaminated by the tourist industry, it offers him the opportunity to share the life-style of people in harmony with the elements, in an environment where natural rhythms eliminate the need to check the time, and his senses can recover their vitality. What begins as an inexplicable fascination with the island becomes a fixation, an obsession displacing his awareness of his immediate surroundings. He learns as much as possible from guide-books, and he plans a holiday there.

The story has a bipartite structure. The first part, introducing the background outlined above, begins with a specific event ('vio la isla'), which becomes the point of reference ('La primera vez') for elaboration and development. The second part again opens with a precise location in time ('Ese día'), which provides the standpoint for what ensues. Clearly, whenever Marini is looking at the island there is a pause in the headlong rush of time, as though the day were in some way magically suspended in its plenitude (at noon).

In the paragraph that begins this second part a subtle transition occurs. As Marini observes the island from the plane's window he thinks about the things that he would do if he were there on holiday. The preterite and conditional tenses at first comply naturally with narrative conventions: 'sonrió pensando que treparía … entraría … pescaría.' Then occurs an ambiguous imperfect tense, 'Nada era difícil una vez decidido', followed by a series of actions represented by nouns – a manner deliberately chosen to disguise the clues that a tense would give. The statement 'Nada era' could be dependent on an unwritten 'pensó que … ', and in this case the natural tendency would be to regard the subsequent actions as no more than intentions. On the other hand, the omitted words on which 'Nada era' is dependent could conceivably be 'Resultó que … ', and in that case we would assume that we were being told of his actual journey by train and boats to Xiros. Either way, the reintroduction of the preterite tense *presents* his disembarkation and everything that follows as factual. As far as Marini is concerned, his existence on the island, described in the next pages, is real whether imagined or objectively 'true'. Indeed, his physical sensations are profoundly involved.

It is possible to ignore alternative readings and accept the remaining information at its face value until a few lines from the end. Marini swims with a young islander, climbs a hill, watched by others, and lies in the sun. He hears an aeroplane, imagines the scene on board, sees the aircraft plummet towards the sea, rushes down to the shore, swims out to the place where the tail submerged, and drags a' survivor to the shore. A gashed throat indicates that the man is dead, and seems to tear Marini out of his happiness on the island. At this point the narrative switches from his point of view to that of Klaios and the other islanders. They can see no person except the dead man, and there has been no previous visitor to the island. The sudden change of perspective, besides providing the kind of surprise and twist that has always been a favourite ending among short-story tellers, causes us to reassess our understanding of events.

Our instinct is to apply a logic based on the notion of verisimilitude. If the islanders have seen no outsiders except the corpse, Marini must have imagined his visit from his position at the window of the aeroplane. There are then two possibilities. He may have imagined the whole scene on the island as the aircraft actually plunged to the sea, bearing him to his death. Or he may simply have imagined the crash and the reactions of the islanders. In both cases the mind separates itself from the body and enacts an alternative to the body's reality. Perhaps it gives Marini the reassurance of being on the island at the moment of death, instead of dying inside the aircraft, as though to suggest that in death he will find the authenticity that has eluded him in life. Or else it gives Marini the rich experience of being on the island and the mystical sense of dying there instead of continuing with his meaningless existence.

One of the underlying ideas is premonition and fulfilment. Marini's irrational attraction to the island when he first sees it may be interpreted as a glimpse of his own death. We notice that even in the midst of his sense of unreality the sight becomes a 'breve, punzante *contacto*'. Once his unconscious has registered this premonition he seems hypnotised by it. Though offered the chance of transferring to another route, he refuses, 'oyéndose como desde lejos', as if the decision were in some way not his to make. If it is an unconscious response to the inevitability of death, it does not fill Marini with dread, but with longing for the release and fulfilment that it promises. He therefore joins the ranks of existential heroes – common in mid-twentieth-century literature – anguished at the falseness, absurdity, and lack of meaning of their lives.

A recurrence of the double is another feature of this story. As in

24

literature throughout the world, so too in Cortázar the double can represent many phenomena and assume different forms, some psychological, some paranormal or supernatural. One of the critical readings that has been offered for 'La isla a mediodía' involves a mythical interpretation. This has been given various emphases, the chief one being the search for (or re-encounter with) a lost paradise, the discovery of one's true self in death, and the attempt to be reunited with a mysterious transcendent order.[50] In each case, the double is imagined to escape from the confines of Marini's individual identity in order to perform the actions that Marini himself is unable to achieve. For the purpose of these readings there is no need to answer the question: does Marini visit the island or does he imagine it? Both are 'true'. The line of Marini's life splits into two parallel lines (one on board the plane, the other on the island), and becomes a single line again at the moment of his death.

I have not attempted to choose one reading of this story to the exclusion of the others because, in denying us a complete return to a familiar standpoint, Cortázar has left insoluble anomalies. He has prevented the assertion of a single interpretation and obliged us to admit the coexistence of multiple versions. He has even confessed to interviewers that his endings sometimes write themselves. Of one thing we can be sure, however: to ponder these problems is to grapple with the underlying theme, which is the discovery of the ambiguous nature of reality.

Recortes de prensa

In his later work Cortázar developed a sharpened critical preoccupation with a writer's social function, without losing any of his metaphysical unease or his spirit of enquiry into the nature of reality. 'Recortes de prensa' is one of his best and most important stories partly because it operates at many different levels. Like 'Las babas del diablo' it is the narrative of a confused person, but unlike that earlier story it is not infused with obfuscating linguistic complexities. Even a superficial reading can allow it to function as political comment, moral debate, tale of revenge, and narrative mystery, though more careful readings offer new insights into the psychological theme and the relationship between art and reality.

The story falls naturally into three parts: an introduction, an episode, and an epilogue. In the introductory scene a writer and a sculptor – both Argentinians living in Paris – discuss a joint publication in which photographs of sculptures on the theme of world-wide violence will be accom-

[50]D. Lagmanovich, 'Acotación a "La isla a mediodía"', *Revista Iberoamericana*, 39 (82–83), 1973, p. 653; Marta Morello-Frosch, 'El personaje y su doble en las ficciones de Cortázar', in H. Giacoman (ed.), *Homenaje a Julio Cortázar*, New York, 1972, p. 338.

panied by an appropriate written text.[51] During their conversation the writer shows the sculptor a newspaper cutting concerning the arrest, torture and death of compatriots in Argentina. In the course of this scene, therefore, Cortázar poses the question of how people – particularly artists – should respond to acts of human barbarity. There follows an episode that the narrator, Noemí, presents in the following terms: On the way home from the studio she sees a little girl in distress and is led into her home. She rescues the girl's mother from physical abuse at the hands of the father, and helps the woman to turn the tables on the man. Later, back in her own room, she writes an account of the episode, and telephones the sculptor to inform him that this will be the text that he has asked her to write for his book. It is clear that the second part of the story counterbalances the first, both in that a victim takes revenge and in that the artist responds to violence by becoming directly involved as a protagonist. The epilogue, however, partially reverses the solution. Two or three days after their meeting, the sculptor sends a newspaper cutting with a vivid report of a murder in Marseilles. In its details it is similar to Noemí's episode, and he has assumed that it is the source of her version. Attempting to confirm the veracity of her experience, Noemí fails to rediscover the house; but she does (apparently) find the child. She sends the sculptor this final information to round off the text for his book.

The mystery introduced towards the end of the story has an importance beyond its function as entertainment and as a trigger for reader participation. It raises the question of the ability of artists to *take part* in addition to *reporting and representing*. All the readings entail a degree of implausibility in purely literal terms. The two main possibilities are as follows:

(a) In Paris Noemí takes part in an event similar to that which occurs in Marseilles. The child whom she meets in the Paris street and rediscovers later has (presumably) the same surname as the Marseilles couple. The Paris episode fails to reach the newspapers.

(b) Noemí has read the newspaper report about the Marseilles event without remembering that she has done so. She then imagines her own involvement in the action. Later she rediscovers a child whom she saw on the other side of the street that night. The child is (or seems to be) the one from Marseilles.

According to one critical opinion – an adjustment of reading (a) – 'Noemí, when she leaves the flat, is transported in time and space to Marseilles at, apparently, another moment. ... Noemí's gashed knee the next morning does not easily allow us to explain away the event in

---

[51]Cortázar and Noemí have an obvious point in common here: he too had written texts to accompany photographs of works of art.

26

psychological terms.'[52] This 'magical' version, though defensible, is not strictly essential. On returning to her flat Noemí drinks heavily. The gashed knee could be explained as a consequence of an accident while she was drunk. Moreover, the text contains many indications that she is imagining either all or part of the encounter with the man and woman. It is worth remembering that her work in progress is a psychological story about a girl at the onset of puberty. In her description of the encounter with a little girl and the rescue of her mother Noemí uses abundant references that Freud would have interpreted as dream imagery with sexual connotations: steps, entrances, corridor, low building, rooms... .[53] Noemí's distress at the news of torture in Argentina, her frustration at being incapable of preventing such behaviour, her resentment, perhaps, at being a woman – all these factors could have combined with her obsessions to produce a fantasy.

On balance I think that a specifically Freudian interpretation involves conjecture for which there is only a flimsy basis in the story. However, there is ample evidence that in this episode the text is strongly hinting to the reader that it is dreamlike. It is reminiscent of the universal 'rites of passage' or 'threshold rites'. Indeed, the journey through a passage to a central point where Heaven and Hell seem to meet smacks too obviously of the archetypal hero's mythical journey to a cosmic centre or *Axis Mundi* for it to be a coincidence in a story on a theme that embraces 'todas las latitudes políticas y geográficas que abarca el hombre'.[54] A further hint at the 'unreal' nature of the event is the fact that at the point where the women are presumed to be exacting revenge the description yields to the memory of a short story by Jack London. In London's 'Lost Face' the Indian women's torture of white trappers is presented as revenge for abuse that the tribe has suffered. Cortázar appears, therefore, to be deliberately broadening the range of reference to suggest that Noemí is experiencing an archetypal situation. I suggest that the experience is psychological rather than magical, though admittedly a 'transportation in time and space' is compatible with mythical reality. The essential point about both versions is that Noemí ultimately

[52]Maurice Hemingway and Frank McQuade, 'The Writer & Politics in Four Stories by Julio Cortázar', *Revista Canadiense de Estudios Hispánicos*, XIII (1), 1988, p. 63.

[53]Freud, *The Interpretation of Dreams*, Harmondsworth, 1982, pp. 156, 471, 473, 474, etc.

[54]See Joseph Campbell, *The Hero with a Thousand Faces*, 2nd edn, Princeton, 1968, and *The Masks of God. Primitive Mythology*, Harmondsworth, 1976; and Erich Neumann, *The Great Mother: An Analysis of the Archetype*, translated by R. Manheim, 2nd edn, Princeton, 1974.

fails to make the transition from writer to participant. In the end the version of the episode that she has narrated is fated to be treated purely as literature.

Two interlinking themes are addressed here: art and violence, and art and involvement. The sculptor has put his art to the service of humanity in representing the violence that takes place in all parts of the world. But he lives in a city remote from his own country, in an apartment barely penetrated by sounds from the street outside, and he presents the photographs of his sculptures – which are subtle and understated in their style – in a carefully controlled ambience ('bajo una luz bien pensada'). At first Noemí emerges as his mirror image. She approves of his methods, and promises to write a piece in a similar vein. Moreover, she admits to having a reputation for being wrapped up in her own private world. The fact that she wants him to read the press cutting about Argentina, however, reveals her uneasiness at their ineffectual role as artists.

Noemí undergoes a limited psychological change in response to the uncomfortable knowledge that acts of violence are occurring everywhere. One question raised by the story is whether she may act as a woman, rather than as a writer. If she is incapable of altering political events on a national scale, perhaps she can intervene effectively in a domestic situation. But the notion of justice becomes confused with the passion of revenge. This means that she plays out the fantasy of changing reality without ultimate success. She may reverse the roles of torturer and victim, but she fails to change the reality of human behaviour since she permits – and perhaps assists in – the brutal treatment of the man.

As a writer she is doubly unsuccessful. It is true that the text that she sends to the sculptor is more vividly personal and more sensational than she had planned. But that is before the ending is added, in words that round the piece off neatly (the girl's discovery and 'rescue' by social security assistants, perhaps). What she eventually produces is something that matches and complements the sculptures. Moreover, Noemí herself cannot participate in this tidying up – only witness and record it. The final version will therefore return from an intensely personal perspective to the more remote standpoint to which she and the sculptor are accustomed. As a writer she reluctantly admits that she seems inevitably destined to produce a form of art equivalent to the sculptures. Once converted into a work of art the lived experience loses its involved status. Noemí, the writer of the text, can not find a way back into it.

By reproducing a substantial part of the letter printed in the Spanish newspaper *El País* Cortázar bridges the gap between literature and journalism. The first atrocities that are cited were committed during the Peronist government of 1973-76. But others belong to the military regime

28

that followed the coup of 1976. At the time of the story's composition, in 1978, new victims were being added every day to the several thousand who had been detained by the authorities, tortured and killed. The story 'Recortes de prensa' therefore includes the functions of reporting and protesting. But Cortázar is also interested in determining whether newspaper material is more capable than literature of influencing reality. The cutting disturbs the reader for various reasons. It belongs to the reality outside this short story; it contains stark details that grate discordantly with the urbane conversation between the sculptor and the writer; it presents facts in a methodical, succinct and unemotional manner, although they concern horrific circumstances affecting members of the author's family. In the final analysis, however, it proves barely more effective in altering human behaviour than the sculptures. It motivates Noemí's action, but it does not prevent violence. The second press cutting of the story, the imaginary article attributed to *France Soir*, reinforces this impression, for it demonstrates that another face of newspapers is the aim of feeding readers' curiosity. And in the case of that cutting, literature (Noemí's text) and press material are similar. Cortázar is suggesting that literature does not become more influential by assuming the roles of the press. He also appears to doubt the ultimate effectiveness of newspaper material.

In 'Recortes de prensa' antitheses are prominent and abundant: Paris/ Argentina; Paris/Marseilles; artist/agent; introversion/involvement; woman/man; sculpture/torture; victim/torturer; cutting from *El País*/cutting from *France-Soir* ... . The phenomenon is symptomatic of the special importance of 'otherness' and the double in the underlying themes. On the level of plot, Noemí's situation may be seen to have an alternative that is both potential and – to some extent – realised. She lives in Paris, remote from her homeland, keeping herself to herself, writing on topics not directly concerned with social or political current affairs, doubtful of having any effective influence on the world. The press cutting, which reminds her of her ties with Argentina, seems to release her *alter ego* to become directly involved in a social problem, to participate physically instead of mentally, to become violent, and to write a starkly frank and passionate text. It will be noticed that in order to effect the transition to the realm of the Other she crosses the street to the other side, where the child is sitting at the entrance to that world.

On the psychological level, Noemí has a double in the sculptor, a specialist in an alternative art form, and a male version of her essentially unfulfilled self. In the person of the abused mother, however, she has a double capable of expressing numerous deep-rooted urges. The obvious one is the need to avenge the victims of torture by bringing the torturers to justice. It is also fairly clear that this double allows Noemí to play the maternal role that normal circumstances prevent. There is a strong possibility, furthermore, that the act of sexual torture has been chosen in order to introduce the psychological theme of sado-masochism. This 'combination of sadism and masochism in one person' (to quote *The Concise Oxford Dictionary*) expresses in a particularly perverted form the notion of the self as both subject and object. On its most philosophical level 'Recortes de prensa' concerns the disquiet of the ego in its dual relationship with the inner world of the self and the external reality inhabited by other people.

Queremos tanto a Glenda

Films, fan clubs, and movie cults provide the alternative to everyday reality in 'Queremos tanto a Glenda'. What begins as a small fan club grows into a phenomenon more powerful than the star herself, and in the process the real person is replaced by an idealised version created on the basis of the club's arbitrary concept of perfection. On one level this is a spoof tale about a movie cult. On another, it is a mockery of all cults and fanatical sects.

In some respects the story is also about love, for it raises the question whether one can love a screen personality, and explores the consequences of pursuing the perfection and abstraction of love in eternity. The narrator takes the trouble to emphasise that what distinguishes the group's attitude towards Glenda Garson from their admiration for other international film stars is their *love* for her.[55] In this distinction are the seeds for the growth of a cult. Although Cortázar never names it as such, the indications are clear as he traces the stages of its development: the special sense of identity that their shared experience gives to her followers, the slightly mysterious way in which they recognise similar spirits, the cliquishness that excludes all whose degree of reverence is unconvincing, the quasi-religious nature of their devotion, the passionate zeal that informs their activities, their sense of mission, and ultimately the conversion of this mission into an all-important objective.

Cortázar mocks the excesses of Glenda's followers with humour based on incongruity and incommensurability. He presents the anomaly, for example, that when the club secretly acquires every copy of Glenda's films (in order to edit out offending sequences) virtually the

[55]The connections between Glenda Garson and the British actress (and subsequently Member of Parliament) Glenda Jackson are explained in the footnotes and endnotes to the text of this edition. Greer Garson may have been an additional inspiration.

30

only problem consists in stealing copies from oil emirates. He mocks the Hollywood debates between scriptwriters and producers over commercially required 'happy endings' when the club replaces one ending of a film with a version of its own. At the same time he ridicules their pretentiousness, for the suicidal ending that they prefer does not appear more 'perfect' to the outsider; it merely replaces sentimentality with melodrama. The humour has its greatest triumph in the way in which the cult controls the destiny of the person whom they love. There is an amusing disproportion in the club's delight when the star goes into retirement, thereby ensuring that their perfected images of her will remain perpetually intact. And there is black humour in the solution to their renewed problems when she resumes her career in films – the mischievous allusion to the tendency of cults to survive (and even to thrive on) the death of the actual cult figure.

Although movie cults are the primary target for Cortázar's satire, there is abundant evidence in the second half of this story that the range of reference extends to religious cults in general and to Christian sects in particular. At times the language offers a clue. The campaign to re-edit all Glenda's films is a *misión*; irregular ideas within the group are *una herejía*; when the re-editing is completed the time to rest is *el séptimo día* (as in the case of God after *la creación*); the work of Glenda's followers is like that of the *ángeles*; they perfect their *reino*; they are their idol's *fieles*; and Glenda's earthly destiny is fulfilled on a *cruz*. It is possible that the names of the two leaders of the club are chosen as joking allusions to mythological gods (Diana being the goddess of hunting, and Irazusta perhaps deriving from 'ira de Zeus').

The nucleus has marked religious characteristics. Only complete love qualifies adherents to join Glenda's followers, who are brought together by mysterious, almost mystical, forces. Their mission becomes a purpose higher than mere temporal demands. They deify a human figure, eliminating any general imperfection from her image, and deriving happiness only from perfection. Their activities lift them out of time into eternity. Glenda belongs at first to the temporal plane, but in the process of deification she must be moved to the eternal plane. Glenda herself is blameless; it is the world that contaminates her. And finally, what they need from her is an act of love, an ultimate surrender of herself (*entrega*). She is sacrificed for the higher purpose of truth and perfection, to the benefit of her followers.

Naturally, if the cult of a film star is a metaphor for cults in general, the criticisms directed at one level apply equally to the other. Religious sects are satirised for their exclusivism, their intolerance, and the fanaticism that permits the end to justify the means. They are mocked for the conviction that only they know the truth. They are shown to distort the

31

original basis of their cult by reinterpreting it and imposing their own version. Ultimately, the most negative aspect of the story is the fact that their harmless private feelings should influence, not only the realm of film (i.e. of representation), but the world itself.

'Queremos tanto a Glenda' is yet another story in which the realm of everyday reality ('este lado') comes into contact with an alternative reality ('más allá' in this story and 'el otro lado' in 'La noche boca arriba'). While film permits all audiences to escape to the other side, it is through a cult that the minority seek 'otherness'. In this story the alternative realm is one where reality has been transformed to suit desire. Cortázar explores two connected issues. One is the idea that our everyday reality is susceptible to changes wrought by interference from the other world of representation and imagination. The second is the question whether reality may be altered retrospectively, with the implication that through myth and historical record such a transformation can occur.

The use of a first-person narrator has an important function in conveying the satirical meaning. What we read is an innocent, uncritical account by somebody thoroughly integrated in the cult, sharing its values and dedicated to its mission. This creates a situation of dramatic irony in which we, as observers, are in a position to watch the narrator in the act of committing – unawares – the very errors that condemn him to censure and ridicule. He unwittingly reveals intolerance and prejudice when apparently explaining the extent of the club's love for Glenda: 'Queríamos tanto a Glenda que no podíamos tolerar a los advenedizos, a las tumultuosas lesbianas, a los eruditos de la estética.' His patently unjustified confidence in knowing what is right is naïvely expressed in a reference to the re-edited ending of *Nunca se sabe por qué* as 'el verdadero final'. He is similarly ironised when purporting to know that Glenda would approve of the club's amended version of her image. He is unable to see the evident vanity of their interpretation of Glenda's retirement as an instinctive act of love for them. But above all he shows an incongruous attitude to the plan to eliminate the star. Where we might expect to see doubt, anguish, and remorse, we see only a reluctant resignation to what he plainly assumes to be an inevitable measure in the club's search for perfection. Through his transparent narrative we are able to see him satirised along with the rest of the cult.

Botella al mar

The appearance of Glenda Jackson in a film with the same title as Cortázar's best-known novel was completely coincidental. Although it is likely that, at the very least, the film's scriptwriter had seen the English translation of *Rayuela* in bookshops in the United States, the actress

32

herself had not heard of Cortázar at that time (1980).[56] The writer knew, of course, that she would not have read 'Queremos tanto a Glenda' (which had not been published in time), and that she could not have intended a symbolic revenge for her death at his hands, in that story, by acting a film role as a woman who assists in the symbolic death of the author of a book called *Hopscotch*. If he experienced a powerful sense of fear it was because the coincidence produced such a neat reversal that it was worthy of literature. It gave him the impression of life itself being written by an author, transforming Cortázar from a creator into a character, subject to the whims of a game played by chance.

'Botella al mar' bears the subtitle 'Epílogo a un cuento'. But this must be taken only metaphorically, as would be the case if 'Queremos tanto a Glenda' were subtitled 'Glosa a la carrera de una estrella'. Both are, in a literary sense, complete in themselves. Reference to the other story makes 'Botella al mar' no more dependent upon it than 'Queremos... ' is dependent on the career of Glenda Jackson. The essential point is that a reference outside literature brings the two worlds – the alternative realm and reality – together in a form of interplay that permits a fuller understanding of both.

In the case of 'Botella al mar' the emphasis has shifted significantly from the *other* realm to *this* side. The narrator's autobiographical details are exactly those of Julio Cortázar in September 1980. The events that he narrates are those that have occurred in Cortázar's recent life. But it is worth noticing that any information unconnected with the coincidence has been carefully eliminated. Moreover, the manner of presentation has been contrived to keep the reader guessing. The first sequence introduces only enigmatic ideas: in some way Glenda Jackson has communicated a response to his story about her, and for some reason he feels a sense of fear. A second stage answers some of the questions by summarising the coincidence of identical titles, but the extent of his preoccupation does not seem justified yet. He saves until last the most frightening aspect of the coincidence – the reversal of roles of 'killer' and 'killed' – before quickly rounding off the story. In this way he has given his account a structure typical of fictional stories, with an introduction, a development, and a climax. In other words, he has given the real events a literary treatment, converting reality into literature.

'Botella al mar' not only has its own structure and narrative method, it contains a summary of the previous story and of the film *Hopscotch*. The

[56]In a letter to the editor in September 1992 Glenda Jackson confirmed: 'I had not heard of Julio Cortázar until I was sent a copy of "We love Glenda so much". Until your letter mentioned it, I did not know of his *Rayuela*.'

experience of reading it would not be as rich, however, for somebody who had not first read 'Queremos tanto a Glenda'. Let us suppose that Cortázar's use of the term *epilogue* should be applied, not to the story itself, but to the whole series of events that prompted him to write it. 'Queremos tanto a Glenda' already has an ending to fit its theme, an escalating level of intervention that culminates in the most extreme measure conceivable, achieving the purpose of encapsulating for perpetuity the perfection of the group's love. It does not need an epilogue, therefore, to give it 'ese perfecto cierre definitivo que para mí deben tener los buenos relatos'. Clearly, the subsequent coincidences involving the careers of Cortázar and Glenda Jackson have actually provided an *alternative* rounding-off effect. The 'symbolic' killing of the author of *Hopscotch* by the character played by Glenda Jackson is first envisaged as a possible revenge for the story. Then this idea is rejected in favour of an aesthetic one. A reversal of the solution of 'Queremos tanto a Glenda' is a fascinating symmetry. But it is a different aspect of the symmetry that most fascinates Cortázar, the sense in which their alternative selves, their fictional counterparts, have been united in a simulated death beyond the boundaries of the real world. It is this that gives him the fear that underlies the delight. In his fiction 'Queremos tanto a Glenda' he created an incursion of the 'other' realm into the career of a real actress; while that was being published the 'other' realm, in which chance plays games with people, broke into his own life.

Coincidence as a tool of chance is one of the main themes. To write to Glenda Jackson in a short story is not only to continue the line of communication through literature and film but also to retain the element of chance that – against all probability – has linked them until now. If her reply seemed to him to be a coded message, Cortázar's message is doubly protected by being written in Spanish and by being left to the intervention of a third party.[57] Cortázar can not be sure that his letter will be read by Glenda Jackson. Or can he? Chance mocks the notion that our universe is governed by reason, logic, and comforting laws, and yet it seems to have its own way of governing. Fantastic literature demonstrates how, traditionally, people have explained this phenomenon by substituting a mysterious force or a magical figure.[58] One reason for Cortázar's unease is that his life has behaved like fantastic literature. Another aspect of this experience is a sense of something akin to *mise-en-abyme*.[59] It will be noted that

[57]The editor completed the bottle's journey in September 1992.

[58]See Todorov, p. 110.

[59]*Mise-en-abyme*: 'A miniature replica of a text embodied within the text; a textual part reduplicating, reflecting, or mirroring (one or more aspect of) the textual whole'

by incorporating the content of 'Queremos tanto a Glenda' and the film *Hopscotch* into 'Botella al mar' he has deliberately given the reader what he calls 'un relato dentro de otro'. Moreover, it is his own story inside another of his own. And his own novel has, in a sense, been incorporated into the film *Hopscotch*, which has now been inserted into his new story. The endlessly repeated series of references, with no ultimate referent, moves from story to film, continues outside the realm of fiction into the world in which he is on a lecturing visit to the United States, and moves back into literature.

This story rounds off, not only 'Queremos tanto a Glenda', but the collection as a whole by turning on its head the idea of Cortázar writing a fantasy. Cortázar himself has been written into a fantasy. The borders between fiction and life have been abolished by life, not by Cortázar.

The seven stories: an overview

Themes

The majority of Cortázar's recurrent themes are essentially metaphysical. Despite the variety of contexts found in his stories – and even in the present selection of seven – the common denominator is a preoccupation with man's being and knowing. When Roberto Michel wonders why he should feel the need to tell about his experience, he decides that the issue is tantamount to questioning the purpose of his everyday life. In this instance the uneasy sense that an answer may not be available becomes transformed into a physical discomfort: 'si uno empezara a preguntarse por qué hace todo lo que hace ... en seguida empieza como una cosquilla en el estómago'. This is not unlike the sensation experienced by the Cortázar of 'Botella al mar': 'algo como el miedo', 'el vago horror de algo igualmente vago'. Coincidence gives him the impression that he is a pawn in games played by chance, and that he may be 'frente al absurdo', because it negates the rational order to which he is accustomed and denies him full control over his own life. The problem takes a different form in 'La isla a mediodía', but here too a wish to understand the meaning and purpose of routine activites underlies the remark that 'nada de eso tenía sentido'. Marini's disenchantment with daily life inspires his attempt to give authenticity to his existence at the point of death.

In these stories the usual means of broaching such issues is to question confident assumptions about what is real life and what is not. What

(Gerald Prince, *A Dictionary of Narratology*, Scolar Press, Aldershot, 1988, p. 53). What we have in this story is not quite a perfect example of the phenomenon; whether Cortázar intended it or not, however, he has introduced the essence of such an experience.

appears at first to be an opposition between reality and unreality proves to be an interplay between the reality that we take for granted and some alternative form. In order to give the reader an initial sense of familiarity Cortázar carefully situates his stories in the reader's world, sometimes even naming its cities, streets, newspapers, books, films, historical events, and famous personalities. Certain locations in the physical world, however, are treated as sites for an alternative reality: an island ('Las babas' and 'La isla'), passageways to a centre ('La noche', 'Recortes'), a hospital ('La noche'), the railway ('Final del juego'), the cinema ('Queremos', 'Botella'), the sea ('Botella'). These places represent, in different ways, points in space separate from the norm, the routine, the humdrum.

One of the alternative forms of reality is dream. In 'La noche' Cortázar develops the familiar notion that dreams seem real (while they last) to the experimental point where they become more real than the dreamer's waking condition. It is one way of suggesting that not only the material world but the mental (or ideal) world too has a claim to authenticity. The imagination sometimes performs the role of the unconscious to produce this effect. Although towards the end of 'La isla' there is no textual clarification of Marini's condition, it is quite possible to infer that his intensely real experience has been purely imaginary. Noemí's traumatic encounter in 'Recortes' may be similarly interpreted. If there is an element of doubt about this it is precisely because Cortázar's purpose is to deny the existence of any clear-cut distinction between experiences that are physical and those that are imagined. Photography and film provide the alternative realities in 'Las babas', 'Queremos', and 'Botella'; and in the first and last of these writing and literature fulfil a similar role. Cortázar's admitted interest in Jungian psychoanalysis offers a further insight into his treatment of alternative realms. In 'La noche' (and possibly 'Recortes') the protagonist's passage from one world into another is couched in terms that bring to mind the archetypal journey made by heroes of collective myths. Ritual behaviour is another manifestation of this 'otro lado', where the usual rules are suspended in favour of especially conceived laws. In 'Final del juego' play creates these conditions, while in 'Queremos' it is a form of cult.

Encounters with Otherness are therefore diverse in these seven stories. A motorcyclist crosses the boundaries of epoch and culture to experience human sacrifice; an airline steward escapes from his routine into an intense moment on an ideal island; a writer temporarily ceases to be remote from events and becomes deeply involved in a scene of torture and revenge. Otherness seems to lie outside the familiar flow of time. Before Roberto Michel manages to enter the world of his photograph he feels constrained by the need to see it 'desde este lado, prisionero de otro tiempo'. In some cases Otherness implies the breaking of taboos with the introduction of behaviour that runs counter to usual codes, such as violence, revenge, homosexuality, sado-masochism. In most cases it entails the presence of a character that may be regarded as the protagonist's double. The protagonist may already reveal a split identity before the transition to Otherness.

Faced by a world whose reassuring rationality and logic have been removed, Cortázar's characters suffer traumas of psychological disquiet, in which imagery from the unconscious invades their field of perception. But Noemí's underlying uneasiness demonstrates that Cortázar's themes are not only metaphysical. In the later phases of his career Cortázar brought contemporary political problems into clearer focus. The kidnappings, torture and disappearance of prisoners in Argentina assume importance in their own right in 'Recortes', as subjects for denunciation and not merely as pretexts for the study of a character's conscience. Social themes also receive a greater prominence. In the same story Cortázar explored both the artist's function in society and the more general issue of a person's responsibility to others. Previously, he had already broached sociopolitical issues – though as subsidiary themes – in 'La isla' (Marini's alienation from the modern consumer society) and 'Final del juego' (the adolescents' notion of social status). Closely allied to these issues are moral themes. In 'Las babas' the protagonist is motivated to intervene, rather than merely witness a situation, by a powerful desire to save a youngster from an act of depravity. In 'Queremos' the club assume that they have the right to impose their will on a person's career, and then to take her life.

It would not be strictly accurate to place all seven stories in the category of fantastic literature. Four of them – in different ways – certainly meet the conditions: 'La noche', 'Las babas', 'La isla', and 'Recortes'. But the others do not sustain the necessary 'hesitation' between the real and the imaginary or illusory. While 'Final' inclines towards social and psychological reality, 'Queremos' opts for satirical fantasy, and 'Botella' illustrates the incursions of fiction in real life. What they all do, however, is bring the reader into contact with the fantastic, and question common assumptions about the world and human experience.

Techniques

In 'Botella al mar' Cortázar wrote of 'ese perfecto cierre definitivo que para mí deben tener los buenos relatos'. At first sight this is puzzling. There is little that might be described as definitive or final about the endings of his stories. Even the new ending of 'Queremos' created by life itself can not be regarded as anything other than one more twist in a potentially continuous process. There is nothing 'closed' about Cortázar's concept of life and reality, and – as the seven stories in this collection prove – there is rarely a single, unambiguous interpretation of the events that he narrates. However, Cortázar did possess a powerful aesthetic instinct, with the result that he tended to shape a fundamentally slippery reality into carefully constructed forms. His stories are rounded off, not definitively, but *neatly*.

The story about a motorcyclist's accident ends, not exactly with his death, nor merely with the imminence of his alter ego's death, but with the moment of his decision that dream and reality are reversed. The tale that leads to Marini's death (actual or imagined) presents that moment as the fulfilment of a premonition. Symmetry plays an important part in achieving the aesthetic effect in such cases, and in particular because of the neatness of reversals. Roberto Michel is transformed from a witness into a participant, from an interpreter of reality into a human being totally out of touch with reality. And 'Botella' shows an author of fiction becoming a character in the novel of life itself.

Like symmetry, antithesis, juxtapositioning, and counterbalancing are stock devices in Cortázar's narrative technique. The typical Cortázar story includes contrasting sections or phases, in which the protagonist experiences now reality, now some kind of alternative realm. A favourite method is to open a story with the action set firmly in a recognisable world, and then to depart into another level of experience. There are then three possibilities. The first reality may be permanently replaced by the second, as in 'La noche', where the hospital is replaced by the dream, and 'Queremos', where the film enthusiasts become assassins. Or the incursion into 'otherness' may be temporary: the game in 'Final del juego' comes to the end predicted in the title; the writer in 'Recortes' becomes a writer again. A third possibility is that the reader may be left unclear whether or not there has been a return to the original level of reality, as is the case in 'La isla'. ('Las babas' reverses the first of the sequences outlined above: Cortázar begins and ends with Michel's traumatic state, but inserts the episode that caused the trauma.) Whatever the chosen sequence, the overall effect is to disconcert the reader by destroying the notion that reality can be considered clearly defined, distinct from alternative levels of experience.

Like all master craftsmen, Cortázar combined aesthetic and functional criteria in the construction of his works. One of his paramount gifts was the ability to arouse curiosity, create tension, and maintain suspense. When we read the opening sequence of 'Las babas' we naturally wish to know what has caused the narrator's incoherence, why he needs to tell his story, why he claims to be dead, and why he is obsessed with the passing clouds (to mention but a few topics that inspire our curiosity). Only on the last two pages do we find the answers. In 'Final del juego' Cortázar delays the information that will answer our curiosity about the game of statues and postures. Once this has run its course he creates tension over the result that the remorseless escalation of events will produce in the life of a sick and vulnerable child. Examples of suspense abound: will the motorcyclist recover? Will the *moteca* Indian be captured? Will Ariel discover the truth about Leticia? Will the boy in Michel's photograph be seduced? Will Marini reach his island? What will Noemí discover in the little girl's house? What will Glenda's fans do next? What has Cortázar discovered to provoke his letter in a bottle? It is because he handles his stories with such craft that Cortázar is not merely thought-provoking but also entertaining.

The choice of narrative standpoint in these stories is highly significant. In two cases the 'events' are narrated by a third person, even though both texts depend quite substantially on the mental processes of their protagonists. It is evident that Cortázar's third person is not the traditional 'omniscient narrator', for there is a deliberate limitation of explanation, clarification and perspective. Instead, the method is used to give an air of equal normality to the two contrasting planes of reality. In 'La noche boca arriba' the dream sequences are therefore presented not strictly as a nightmare – not as something belonging to or springing from a patient – but as a separate tale valid in its own right. Similarly, in 'La isla a mediodía' the activities of Marini on the island assume a full level of experience rather than appearing subsidiary to the reality of life on board the aircraft. Cortázar's first-person narrators are used even more fascinatingly. They are vehicles for psychological study and objects for irony, mockery, and humour. Roberto Michel's unbalanced mental condition is transparently expressed in his 'typed' account of the episode that has disturbed him. Leticia's sister gives an innocent version of the interrelationship within the family, and is ironised for her naïveté. But the outstanding case of a narrator treated ironically is that of the member of a film cult, a man who inadvertently flaunts his prejudices and uncritically admits to a criminal conspiracy.

In stories where the borders between fact and fiction are deliberately blurred there are inevitably numerous instances where people, events, and places of the real world are placed alongside those invented by the author. Among the famous names in these seven stories are those of Cortázar himself, the Argentine artists Mario and Irene Ginzberg, Glenda Jackson, and sundry film stars. Historical events include the Aztecs' *guerras floridas*, the disappearance of Argentine citizens during the 1970s, and the showing of the film *Hopscotch* in San Francisco in 1980. And the geographical locations that are selected with particular care are the Ile St-

Louis on the River Seine in Paris, the Tigre-to-city centre railway line in the suburb of Palermo, Buenos Aires, and the Bay of San Francisco. Cortázar takes advantage of our natural inclination to accept, if not exactly the veracity, then at least the *possibility* of an episode when it is associated with familiar names. The objective truth of the newspaper cutting from *El País* helps us to accept the fictional cutting from *France-Soir* as essentially 'true'. Intertextuality is another development of this technique. A story by Cortázar obtains an extra dimension by quoting from a Spanish daily newspaper, elevating fiction to the level of press reports, though simultaneously diminishing the authenticity of newspapers.

Images and motifs play an important role in suggesting ideas and evoking moods. The conspicuous and repeated mention of odours links the reality of a hospital with an equally sensuous world of dream. The choice of a railway track as setting enhances the contrast between immobility and change, home and the outside world. An obsessive preocupation with hands links the themes of torture and craftsmanship, victim and agent. Islands locate two stories' action somewhere apart from humdrum routine. An author with evident debts to Freud, Jung and surrealism, Cortázar seemed to feed on the world of dreams and the unconscious. Probably the best use of this material occurs when the protagonists pass through entrances into mysterious inner worlds, with implications for both individual psychology and the collective unconscious.

Finally, in this brief and schematic survey, we must emphasise the important role played by the manipulation of language. It would prove difficult to attribute a particular style of writing to Cortázar, for he varies according to the requirements of each story. He adopts the semi-coherent voice of Roberto Michel, the naïve manner of Leticia's sister, the educated tones of Noemí, the conversational approach of Glenda's admirer. But it is not simply a matter of choosing a style to suit the first-person narrator, for in stories narrated in the third person language is manipulated to perform specific functions. In 'La isla' conjunctions such as *pero* and *cuando* are repeatedly used as pivots between clauses describing routine activities and new parts of sentences diverting our attention to Marini's fscination with the Greek island. In 'La noche' conventional syntax can be discarded to represent the protagonist's incomplete comprehension of spoken words or of his own thoughts. The most idiosyncratic use to which Cortázar puts language, however, is the introduction of syntactical ambiguity in key transitional passages of the text – the loose connection, for example, between the hospital and the Aztec passageway by means of the word *y*; or the elision of verbs to facilitate an inconspicuous change of tense from conditional to preterite while Marini plans and (perhaps) carries out his visit to the island. It is a device that would amount to perverse obfuscation if it were not so essential to the purpose of blurring the borders of reality and fantasy. This point serves as an appropriate reminder that Cortázar's linguistic diversity, like the whole range of his technical devices, has little to do with embellishment and much to do with function.

Bibliography

(i) Works by Cortázar

Collections of short stories
　1951 *Bestiario*
　1956 and 1964 *Final del juego*
　1959 *Las armas secretas*
　1966 *Todos los fuegos el fuego*
　1974 *Octaedro*
　1977 *Alguien que anda por ahí y otros relatos*
　1981 *Queremos tanto a Glenda y otros relatos*
　1982 *Deshoras*
Many of the stories included in these original collections have been republished in other volumes, the most important of which are *Cuentos*, La Habana, 1964; *Ceremonia*s, Barcelona, 1968; *Relatos*, Buenos Aires, 1970.

Novels
　1960 *Los premios*
　1963 *Rayuela*
　1968 *62. Modelo para armar*
　1973 *Libro de Manuel*
　1987 (1950) *El examen*

Other publications
　1962 *Historia de cronopios y de famas*
　1967 *La vuelta al día en ochenta mundos*
　1969 *Último round*
　1970 *Viaje alrededor de una mesa*
　1971 *Pameos y meopas*
　1971 (With O. Collazos and M. Vargas Llosa) *Literatura en la revolución y revolución en la literatura*
　1972 *Prosa del observatorio*
　1975 *Fantomas contra los vampiros multinacionales: una utopía realizable*
　1979 *Un tal Lucas*
　1984 *Salvo el crepúsculo*
　1984 *Argentina: años de alambrados culturales*
　1987 (With O. Collazos, A. Rama, M. Vargas Llosa *et al.*) *Al término del polvo y el sudor* (compendium of articles first published in *Marcha*, 1966–84)

(ii) Critical studies

The following is a brief selection of books and articles particularly recommended for the study of Cortázar's short stories:

Jaime Alazraki, *En busca del unicornio: los cuentos de Julio Cortázar*, Madrid, 1983.

Jaime Alazraki and Ivar Ivask (eds.), *The Final Island: The Fiction of Julio Cortázar*, Norman, 1978.

Steven Boldy, *The Novels of Julio Cortázar*, Cambridge, 1980.

Julia C. Cruz, *Lo neofantástico en Julio Cortázar*, Madrid, 1988.

Cuadernos Hispanoamericanos, 364–366, 1980.

Juan Carlos Curutchet, *Julio Cortázar o la crítica de la razón pragmática*, Madrid, 1972.

Malva Filer, *Los mundos de Julio Cortázar*, New York, 1970.

Helmy F. Giacoman (ed.), *Homenaje a Julio Cortázar. Variaciones interpretativas en torno a su obra*, New York, 1972.

Ernesto González Bermejo, *Conversaciones con Cortázar*, Barcelona, 1978. (Interviews)

David I. Grossvogel, '"Blow-up". The Forms of an Esthetic Itinerary', *Diacritics*, 11(3), 1972, pp. 49–54.

Lanin A. Gyurko, 'Cyclic Time and Blood Sacrifice in Three Stories by Julio Cortázar', *Revista Hispánica Moderna*, 4, 1969, pp. 341–62.

— 'Authenticity and Pretence in Two Stories by Julio Cortázar', *Bulletin of Hispanic Studies*, 49, 1972, pp. 51–65.

— 'Hallucination and Nightmare in Two Stories by Julio Cortázar', *Modern Languages Review*, 67, 1972, pp. 550–62.

— 'Destructive and Ironically Redemptive Fantasy in Cortázar', *Hispania*, 1973, pp. 988–99.

— 'Truth and Deception in Cortázar's "Las babas del diablo"', *Romanic Review*, 64, 1973, pp. 204–17.

Luis Harss, 'Julio Cortázar, or the Slap in the Face', in *Into the Mainstream* (translated by Barbara Dohman), New York, 1966, pp. 206–45.

Maurice Hemingway and Frank McQuade, 'The Writer and Politics in Four Stories by Julio Cortázar', *Revista Canadiense de Estudios Hispánicos*, XIII (1), 1988, pp. 49–65.

Enrique Jaramillo Levi, 'Tiempo y espacio a través del tema del doble en "La isla a mediodía" de Julio Cortázar', *Nueva Narrativa Hispanoamericana*, 4, 1974, pp. 299–306.

David Lagmanovich, 'Acotación a "La isla a mediodía"', *Revista Iberoamericana*, 39 (84–85), 1973, pp. 641–55.

David Lagmanovich (ed.), *Estudios sobre los cuentos de Julio Cortázar*, Barcelona, 1975.

Pedro Lastra (ed.), *Julio Cortázar*, Madrid, 1981.

Alfred MacAdam, *El individuo y el otro. Crítica a los cuentos de Julio Cortázar*, Buenos Aires, 1971.

Carlos Mastrángelo, *Usted, yo, los cuentos de Julio Cortázar y su autor*, Córdoba, Argentina, 1971.

Julio Matas, 'El contexto moral en algunos cuentos de Julio Cortázar', *Revista Iberoamericana*, 39 (84–85), 1973, pp. 593–609.

Rose S. Minc (ed.), *The Contemporary Latin American Short Story*, New York, 1979.

Carmen de Mora Valcárcel, *Teoría y práctica del cuento en los relatos de Cortázar*, Sevilla, 1982.

Marta Morello-Frosch, 'El personaje y su doble en las ficciones de Cortázar', *Revista Iberoamericana*, 34, 1968, pp. 323–30.

Evelyn Picón Garfield, *Cortázar por Cortázar*, Xalapa, 1981.

Pedro Ramírez Molas, 'Julio Cortázar, el perseguidor', in *Tiempo y Narración. Enfoques de la temporalidad en Borges, Carpentier, Cortázar y García Márquez*, Madrid, 1978, pp. 116–66.

Daniel R. Reedy, 'The Symbolic Reality of Cortázar's "Las babas del diablo"', *Revista Hispánica Moderna*, Año 36 (4), 1970–71, pp. 224–37.

Revista Iberoamericana, 39, (84–85), 1973.

Charles Thomas Samuels, 'Sorting Things Out in "Blow-up"', *Review 72*, 7, 1972, pp. 22–3.

Saúl Sosnowski, *Julio Cortázar: una búsqueda mítica*, Buenos Aires, 1973.

Vicente Urbistondo, 'Cinematografía y literatura en "Las babas del diablo" y "Blow-up"', *Papeles de Son Armadans*, 71 (213), 1973, pp. 229–43.

Jason Wilson, 'Julio Cortázar and the Art of Reading', in John King (ed.), *Modern Latin American Fiction: A Survey*, London and Boston, 1987, pp. 173–90.

Saúl Yurkievich, *Julio Cortázar: al calor de tu sombra*, Buenos Aires, 1987.

Celia Zapata, 'Juegos de niños: su magia en dos cuentos de Julio Cortázar', *Anales de Literatura Hispanoamericana*, 2 (2–3), 1976, pp. 667–76.

JULIO CORTÁZAR:
Siete cuentos

La noche boca arriba

> *Y salían en ciertas épocas*
> *a cazar enemigos; le llamaban*
> *la guerra florida.*[E1]

A mitad del largo zaguán del hotel pensó que debía ser tarde, y se apuró a salir a la calle y sacar la motocicleta del rincón donde el portero de al lado le permitía guardarla. En la joyería de la esquina vio que eran las nueve menos diez; llegaría con tiempo sobrado adonde iba. El sol se filtraba entre los altos edificios del centro, y él —porque para sí mismo, para ir pensando, no tenía nombre—[1] montó en la máquina saboreando el paseo. La moto ronroneaba entre sus piernas, y un viento fresco le chicoteaba los pantalones.

Dejó pasar los ministerios (el rosa, el blanco) y la serie de comercios con brillantes vitrinas de la calle Central. Ahora entraba en la parte más agradable del trayecto, el verdadero paseo: una calle larga, bordeada de árboles, con poco tráfico y amplias villas que dejaban venir los jardines hasta las aceras, apenas demarcadas por setos bajos. Quizá algo distraído, pero corriendo sobre la derecha como correspondía,[2] se dejó llevar por la tersura, por la leve crispación de ese día apenas empezado.

Tal vez su involuntario relajamiento le impidió prevenir el accidente. Cuando vio que la mujer parada en la esquina se lanzaba a la calzada a pesar de las luces verdes, ya era tarde para las soluciones fáciles. Frenó con el pie y la mano, desviándose a la izquierda, oyó el grito de la mujer, y junto con el choque perdió la visión. Fue como dormirse de golpe.

E1. The prefix E followed by a number indicates an Endnote.
[1] *Because from his own point of view, for the purpose of thinking, he had no name.*
[2] *Driving on the right, as he should.*

Volvió bruscamente del desmayo. Cuatro o cinco hombres jóvenes lo estaban sacando de debajo de la moto. Sentía gusto a sal y sangre, le dolía una rodilla, y cuando lo alzaron, gritó, porque no podía soportar la presión en el brazo derecho. Voces que no parecían pertenecer a las caras suspendidas sobre él, lo alentaban con bromas y seguridades. Su único alivio fue oír la confirmación de que había estado en su derecho al cruzar la esquina.[3] Preguntó por la mujer, tratando de dominar la náusea que le ganaba la garganta. Mientras lo llevaban boca arriba hasta una farmacia próxima, supo que la causante del accidente no tenía más que rasguños en las piernas. «Usté la agarró apenas, pero el golpe le hizo saltar la máquina de costado ... » Opiniones, recuerdos, despacio. éntrelo de espaldas, así va bien,[4] y, alguien con guardapolvo dándole a beber un trago que lo alivió, en la penumbra de una pequeña farmacia de barrio.

La ambulancia policial llegó a los cinco minutos, y lo subieron a una camilla blanda donde pudo tenderse a gusto. Con toda lucidez, pero sabiendo que estaba bajo los efectos de un shock terrible, dio sus señas al policía que lo acompañaba. El brazo casi no le dolía; de una cortadura en la ceja goteaba sangre por toda la cara. Una o dos veces se lamió los labios para beberla. Se sentía bien, era un accidente, mala suerte; unas semanas quieto y nada más. El vigilante le dijo que la motocicleta no parecía muy estropeada. «Natural», dijo él. «Como que me la ligué encima...[5]» Los dos se rieron, y el vigilante le dio la mano al llegar al hospital y le deseó buena suerte. Ya la náusea volvía poco a poco; mientras lo llevaban en una camilla de ruedas hasta un pabellón del fondo, pasando bajo árboles llenos de pájaros, cerró los ojos y deseó estar dormido o cloroformado. Pero lo tuvieron largo rato en una pieza con olor a hospital, llenando una ficha, quitándole la ropa y vistiéndolo con una camisa grisácea y dura. Le movian cuidadosamente el brazo, sin que le doliera. Las enfermeras bromeaban todo el tiempo, y si no hubiera sido por las contracciones del estómago se habría sentido muy bien, casi contento.

[3] *He had had the right of way when crossing the corner.*
[4] *Slowly, take him in on his back, and it'll be fine.*
[5] *Seeing that I got it on top of me.*

Lo llevaron a la sala de radio, y veinte minutos después, con la placa todavía húmeda, puesta sobre el pecho como una lápida negra, pasó a la sala de operaciones. Alguien de blanco, alto y delgado, se le acercó y se puso a mirar la radiografía. Manos de mujer le acomodaban la cabeza, sintió que lo pasaban de una camilla a otra. El hombre de blanco se le acercó otra vez, sonriendo, con algo que le brillaba en la mano derecha. Le palmeó la mejilla e hizo una seña a alguien parado atrás.

Como sueño era curioso porque estaba lleno de olores y él nunca soñaba olores.[6] Primero un olor a pantano, ya que a la izquierda de la calzada empezaban las marismas, los tembladerales de donde no volvía nadie. Pero el olor cesó, y en cambio vino una fragancia compuesta y oscura como la noche en que se movía huyendo de los aztecas. Y todo era tan natural, tenía que huir de los aztecas que andaban a caza de hombre, y su única probabilidad era la de esconderse en lo más denso de la selva, cuidando de no apartarse de la estrecha calzada que sólo ellos, los motecas,[7] conocían.

Lo que más lo torturaba era el olor, como si aún en la absoluta aceptación del sueño algo se rebelara contra eso que no era habitual, que hasta entonces no había participado del juego. «Huele a guerra», pensó, tocando instintivamente el puñal de piedra atravesado en su ceñidor de lana tejida. Un sonido inesperado lo hizo agacharse y quedar inmóvil, temblando. Tener miedo no era extraño, en sus sueños abundaba el miedo. Esperó, tapado por las ramas de un arbusto y la noche sin estrellas. Muy lejos, probablemente del otro lado del gran lago, debían estar ardiendo fuegos de vivac; un resplandor rojizo teñía esa parte del cielo. El sonido no se repitió. Había sido como una rama quebrada. Tal vez un animal que escapaba como él del olor de la guerra. Se enderezó despacio, venteando. No se oía nada, pero el miedo seguía allí como el olor, ese incienso dulzón de la guerra florida.[8] Había que

[6] This sentence marks the first transition from the mind of the man in hospital to that of the *moteca* Indian.

[7] This Indian name bears a significant resemblance to words such as *moto*, *motocicleta*, and *motociclista*. Although the main targets of the *aztecas* (Aztecs) in the *guerras floridas* were the *toltecas*, other tribes fell within the scope of these expeditions to take live prisoners.

[8] *The War of the Flowers.* (See Endnote 1.)

seguir, llegar al corazón de la selva evitando las ciénagas. A
tientas, agachándose a cada instante para tocar el suelo más duro de
la calzada, dio algunos pasos. Hubiera querido echar a correr, pero
los tembladerales palpitaban a su lado. En el sendero en tinieblas,
buscó el rumbo. Entonces sintió una bocanada horrible del olor que
más temía, y saltó desesperado hacia adelante.

—Se va a caer de la cama —dijo el enfermo de al lado—. No
brinque tanto, amigazo.[9]

Abrió los ojos y era de tarde, con el sol ya bajo en los ventanales
de la larga sala. Mientras trataba de sonreír a su vecino, se despegó
casi físicamente de la última visión de la pesadilla. El brazo,
enyesado, colgaba de un aparato con pesas y poleas. Sintió sed,
como si hubiera estado corriendo kilómetros, pero no querían darle
mucha agua, apenas para mojarse los labios y hacer un buche. La
fiebre lo iba ganando despacio y hubiera podido dormirse otra vez
pero saboreaba el placer de quedarse despierto, entornados los
ojos, escuchando el diálogo de los otros enfermos, respondiendo
de cuando en cuando a alguna pregunta. Vio llegar un carrito
blanco que pusieron al lado de su cama, una enfermera rubia le
frotó con alcohol la cara anterior del muslo y le clavó una gruesa
aguja conectada con un tubo que subía hasta un frasco lleno de
líquido opalino. Un médico joven vino con un aparato de metal y
cuero que le ajustó al brazo sano para verificar alguna cosa. Caía la
noche, y la fiebre lo iba arrastrando blandamente a un estado donde
las cosas tenían un relieve como de gemelos de teatro,[10] eran reales
y dulces y a la vez ligeramente repugnantes; como estar viendo una
película aburrida y pensar que sin embargo en la calle es peor; y
quedarse.

Vino una taza de maravilloso caldo de oro oliendo a puerro, a
apio, a perejil. Un trocito de pan, más precioso que todo un
banquete, se fue desmigajando poco a poco. El brazo no le dolía
nada, y solamente en la ceja, donde lo habían suturado, chirriaba a
veces una punzada caliente y rápida. Cuando los ventanales de
enfrente viraron a manchas de un azul oscuro, pensó que no le iba

[9]*Don't toss about so much, pal.*
[10]*Little by little the fever was gently drawing him into a state in which things stood
out as though they were seen through opera glasses.*

50

a ser difícil dormirse. Un poco incómodo, de espaldas, pero al pasarse la lengua por los labios resecos y calientes, sintió el sabor del caldo, y suspiró de felicidad, abandonándose.

Primero fue[11] una confusión, un atraer hacia sí todas las sensaciones por un instante embotadas o confundidas. Comprendía que estaba corriendo en plena oscuridad, aunque arriba el cielo cruzado de copas de árboles era menos negro que el resto. «La calzada», pensó. «Me salí de la calzada». Sus pies se hundían en un colchón de hojas y barro, y ya no podía dar un paso sin que las ramas de los arbustos le azotaran el torso y las piernas. Jadeante, sabiéndose acorralado a pesar de la oscuridad y el silencio, se agachó para escuchar. Tal vez la calzada estaba cerca, con la primera luz del día iba a verla otra vez. Nada podía ayudarlo ahora a encontrarla. La mano que sin saberlo él aferraba el mango del puñal, subió como el escorpión de los pantanos hasta su cuello, donde colgaba el amuleto protector. Moviendo apenas los labios musitó la plegaria del maíz que trae las lunas felices, y la súplica a la Muy Alta, a la dispensadora de los bienes motecas. Pero sentía al mismo tiempo que los tobillos se le estaban hundiendo despacio en el barro, y la espera en la oscuridad del chaparral desconocido se le hacía insoportable. La guerra florida había empezado con la luna y llevaba ya tres días y tres noches. Si conseguía refugiarse en lo profundo de la selva, abandonando la calzada más allá de la región de las ciénagas, quizá los guerreros no le siguieran el rastro. Pensó en los muchos prisioneros que ya habrían hecho. Pero la cantidad no contaba, sino el tiempo sagrado. La caza continuaría hasta que los sacerdotes dieran la señal del regreso. Todo tenía su número y su fin, y él estaba dentro del tiempo sagrado, del otro lado de los cazadores.

Oyó los gritos y se enderezó de un salto, puñal en mano. Como si el cielo se incendiara en el horizonte, vio antorchas moviéndose entre las ramas, muy cerca. El olor a guerra era insoportable, y cuando el primer enemigo le saltó al cuello casi sintió placer en hundirle la hoja de piedra en pleno pecho. Ya lo rodeaban las luces,

---

[11]The subject of *fue* is left ambiguous in order to suggest the initial lack of clarity in the dream sequence.

los gritos alegres. Alcanzó a cortar el aire una o dos veces, y entonces una soga lo atrapó desde atrás.

—Es la fiebre —dijo el de la cama de al lado—.[12] A mí me pasaba igual cuando me operé del duodeno.[13] Tome agua y va a ver que duerme bien.

Al lado de la noche de donde volvía, la penumbra tibia de la sala le pareció deliciosa. Una lámpara violeta velaba en lo alto de la pared del fondo como un ojo protector. Se oía toser, respirar fuerte, a veces un diálogo en voz baja. Todo era grato y seguro, sin ese acoso sin… Pero no quería seguir pensando en la pesadilla. Había tantas cosas en qué entretenerse. Se puso a mirar el yeso del brazo, las poleas que tan cómodamente se lo sostenían en el aire. Le habían puesto una botella de agua mineral en la mesa de noche. Bebió del gollete; golosamente. Distinguía ahora las formas de la sala; las treinta camas. los armarios con vitrinas. Ya no debía tener tanta fiebre, sentía fresca la cara. La ceja le dolía apenas, como un recuerdo. Se vio otra vez saliendo del hotel, sacando la moto. ¿Quién hubiera pensado que la cosa iba a acabar así? Trataba de fijar el momento del accidente, y le dio rabia advertir que había ahí como un hueco, un vacío que no alcanzaba a rellenar. Entre el choque y el momento en que lo habían levantado del suelo, un desmayo o lo que fuera no le dejaba ver nada. Y al mismo tiempo tenía la sensación de que ese hueco, esa nada, había durado una eternidad. No, ni siquiera tiempo, más bien como si en ese hueco él hubiera pasado a través de algo o recorrido distancias inmensas. El choque, el golpe brutal contra el pavimento. De todas maneras al salir del pozo negro había sentido casi un alivio mientras los hombres lo alzaban del suelo. Con el dolor del brazo roto, la sangre de la ceja partida, la contusión en la rodilla; con todo eso, un alivio al volver al día y sentirse sostenido y auxiliado. Y era raro. Le preguntaría alguna vez al médico de la oficina. Ahora volvía a gañarlo el sueño, a tirarlo despacio hacia abajo. La almohada era tan blanda, y en su garganta afiebrada la frescura del agua mineral. Quizá pudiera descansar de veras, sin las malditas pesadillas. La luz violeta de la lámpara en lo alto se iba apagando poco a poco.

[12]*The man in the next bed.*
[13]*When I had my duodenum operation.*

Como dormía de espaldas, no lo sorprendió la posición en que volvía a reconocerse, pero en cambio el olor a humedad, a piedra rezumante de filtraciones,[14] le cerró la garganta y lo obligó a comprender. Inútil abrir los ojos y mirar en todas direcciones; lo envolvía una oscuridad absoluta. Quiso enderezarse y sintió las sogas en las muñecas y los tobillos. Estaba estaqueado en el suelo, en un piso de lajas helado y húmedo. El frío le ganaba la espalda desnuda, las piernas. Con el mentón buscó torpemente el contacto con su amuleto, y supo que se lo habían arrancado. Ahora estaba perdido, ninguna plegaria podía salvarlo del final. Lejanamente, como filtrándose entre las piedras del calabozo, oyó los atabales de la fiesta. Lo habían traído al teocalli, estaba en las mazmorras del templo a la espera de su turno.

Oyó gritar, un grito ronco que rebotaba en las paredes Otro grito, acabando en un quejido. Era él que gritaba en las tinieblas, gritaba porque estaba vivo, todo su cuerpo se defendía con el grito de lo que iba a venir, del final inevitable. Pensó en sus compañeros que llenarían otras mazmorras, y en los que ascendían ya los peldaños del sacrificio. Gritó de nuevo, sofocadamente, casi no podía abrir la boca, tenía las mandíbulas agarrotadas y a la vez como si fueran de goma y se abrieran lentamente, con un esfuerzo interminable. El chirriar de los cerrojos lo sacudió como un látigo. Convulso, retorciéndose, luchó por zafarse de las cuerdas que se le hundían en la carne. Su brazo derecho, el más fuerte, tiraba hasta que el dolor se hizo intolerable y tuvo que ceder. Vio abrirse la doble puerta, y el olor de las antorchas le llegó antes que la luz. Apenas ceñidos con el taparrabos de la ceremonia, los acólitos de los sacerdotes se le acercaron mirándolo con desprecio. Las luces se reflejaban en los torsos sudados, en el pelo negro lleno de plumas. Cedieron las sogas, y en su lugar lo aferraron manos calientes, duras como bronce; se sintió alzado, siempre boca arriba, tironeado por los cuatro acólitos que lo llevaban por el pasadizo. Los portadores de antorchas iban adelante, alumbrando vagamente el corredor de paredes mojadas y techo tan bajo que los acólitos debían agachar la cabeza. Ahora lo llevaban, lo llevaban, era el

---

[14]*The smell of dampness, of stone oozing moisture.*

final. Boca arriba, a un metro del techo de roca viva que por momentos se iluminaba con un reflejo de antorcha. Cuando en vez del techo nacieran las estrellas, y se alzara frente a él la escalinata incendiada de gritos y danzas, sería el fin. El pasadizo no acababa nunca, pero ya iba a acabar, de repente olería el aire libre lleno de estrellas, pero todavía no, andaban llevándolo sin fin en la penumbra roja, tironeándolo brutalmente; y él no quería, pero cómo impedirlo si le habían arrancado el amuleto que era su verdadero corazón, el centro de la vida.

Salió de un brinco a la noche del hospital, al alto cielorraso dulce, a la sombra blanda que lo rodeaba. Pensó que debía haber gritado, pero sus vecinos dormían callados. En la mesa de noche, la botella de agua tenía algo de burbuja, de imagen traslúcida contra la sombra azulada de los ventanales. Jadeó, buscando el alivio de los pulmones, el olvido de esas imágenes que seguían pegadas a sus párpados. Cada vez que cerraba los ojos las veía formarse. instantáneamente, y se enderezaba aterrado pero gozando a la vez del saber que ahora estaba despierto, que la vigilia lo protegía, que pronto iba a amanecer, con el buen sueño profundo que se tiene a esa hora, sin imágenes, sin nada… Le costaba mantener los ojos abiertos, la modorra era más fuerte que él. Hizo un último esfuerzo, con la mano sana esbozó un gesto hacia la botella de agua; no llegó a tomarla, sus dedos se cerraron en un vacío otra vez negro, y el pasadizo seguía interminable, roca tras roca, con súbitas fulguraciones rojizas, y él boca arriba gimió apagadamente porque el techo iba a acabarse, subía, abriéndose como una boca de sombra, y los acólitos se enderezaban y de la altura una luna menguante le cayó en la cara donde los ojos no querían verla, desesperadamente se cerraban y abrían buscando pasar al otro lado, descubrir de nuevo el cielo raso protector de la sala. Y cada vez que se abrían era la noche y la luna, mientras lo subían por la escalinata, ahora con la cabeza colgando hacia abajo, y en lo alto estaban las hogueras, las rojas columnas de humo perfumado, y de golpe vio la piedra roja, brillante de sangre que chorreaba, y el vaivén de los pies del sacrificado que arrastraban para tirarlo rodando por las escalinatas del norte. Con una última esperanza apretó los párpados, gimiendo por despertar. Durante un segundo creyó que lo lograría, porque otra vez estaba inmóvil en la cama, a salvo del balanceo cabeza abajo. Pero olía la muerte y cuando abrió los ojos vio la figura ensangrentada del sacrificador que venía hacia él con el cuchillo de piedra en la mano. Alcanzó a cerrar otra vez los párpados, aunque ahora sabía que no iba a despertarse, que estaba despierto, que el sueño maravilloso había sido el otro, absurdo como todos los sueños; un sueño en el que había andado por extrañas avenidas de una ciudad asombrosa, con luces verdes y rojas que ardían sin llama ni humo, con un enorme insecto de metal que zumbaba bajo sus piernas. En la mentira infinita de ese sueño también lo habían alzado del suelo, también alguien se le había acercado con un cuchillo en la mano, a él tendido boca arriba, a él boca arriba con los ojos cerrados entre las hogueras.

Final del juego

Con Leticia y Holanda íbamos[15] a jugar a las vías del Central Argentino[16] los días de calor, esperando que mamá y tía Ruth empezaran su siesta para escaparnos por la puerta blanca. Mamá y tía Ruth estaban siempre cansadas después de lavar la loza, sobre todo cuando Holanda y yo secábamos los platos porque entonces había discusiones, cucharitas por el suelo, frases que sólo nosotras entendíamos; y en general un ambiente en donde el olor a grasa, los maullidos de José y la oscuridad de la cocina acababan en una violentísima pelea y el consiguiente desparramo. Holanda se especializaba en armar esta clase de líos, por ejemplo dejando caer un vaso ya lavado en el tacho del agua sucia, o recordando como al pasar que en la casa de las de Loza había dos sirvientas para todo servicio. Yo usaba otros sistemas, prefería insinuarle a tía Ruth que se le iban a paspar las manos si seguía fregando cacerolas en vez de dedicarse a las copas o los platos, que era precisamente lo que le gustaba lavar a mamá, con lo cual las enfrentaba sordamente en una lucha de ventajeo por la cosa fácil.[17] El recurso heroico, si los consejos y las largas recordaciones familiares empezaban a saturarnos, era volcar agua hirviendo en el lomo del gato. Es una gran mentira eso del gato escaldado, salvo que haya que tomar al pie de la letra la referencia al agua fría;[18] porque de la caliente José no se alejaba nunca, y hasta parecía ofrecerse, pobre animalito, a que le volcáramos media taza de agua a cien grados o poco menos, bastante menos probablemente porque nunca se le caía el pelo. La cosa es que ardía Troya,[19] en la confusión coronada por el

[15]*Leticia, Holanda and I used to go.*

[16]A railway company in the years before nationalisation (i.e. before 1947).

[17]*Which was just what mummy liked to wash, and in this way I got them in a veiled confrontation in which each tried to get the advantage with the easy job.*

[18]The saying 'to jump like a scalded cat' seems unjustified, since cold water is more effective.

[19]*All hell was let loose.*

espléndido si bemol[20] de tía Ruth y la carrera de mamá en busca del bastón de los castigos, Holanda y yo nos perdíamos en la galería cubierta, hacia las piezas vacías del fondo donde Leticia nos esperaba leyendo a Ponson du Terrail,[21] lectura inexplicable.

Por lo regular mamá nos perseguía un buen trecho, pero las ganas de rompernos la cabeza se le pasaban con gran rapidez y al final (habíamos trancado la puerta y le pedíamos perdón con emocionantes partes teatrales)[22] se cansaba y se iba, repitiendo la misma frase:

—Acabarán en la calle, estas mal nacidas.

Donde acabábamos era en las vías del Central Argentino, cuando la casa quedaba en silencio y veíamos al gato tenderse bajo el limonero para hacer también él su siesta perfumada y zumbante de avispas. Abríamos despacio la puerta blanca, y al cerrarla otra vez era como un viento, una libertad que nos tomaba de las manos, de todo el cuerpo y nos lanzaba hacia adelante. Entonces corríamos buscando impulso para trepar de un envión al breve talud del ferrocarril, y encaramadas sobre el mundo contemplábamos silenciosas nuestro reino.

Nuestro reino era así: una gran curva de las vías acababa su comba justo frente a los fondos de nuestra casa. No había más que el balasto, los durmientes y la doble vía; pasto ralo y estúpido entre los pedazos de adoquín donde la mica, el cuarzo y el feldespato — que son los componentes del granito— brillaban como diamantes legítimos contra el sol de las dos de la tarde. Cuando nos agachábamos a tocar las vías (sin perder tiempo porque hubiera sido peligroso quedarse mucho ahí, no tanto por los trenes como por los de casa si nos llegaban a ver) nos subía a la cara el fuego de las piedras, y al pararnos contra el viento del río era un calor mojado pegándose a las mejillas y las orejas. Nos gustaba flexionar las piernas y bajar, subir, bajar otra vez, entrando en una y otra zona de calor, estudiándonos las caras para apreciar la transpiración, con lo cual al rato éramos una sopa.[23] Y siempre calladas, mirando al

[20]*B flat* (i.e. strident voice).
[21]Paul Alexis Ponson du Terrail (1829–71) gained a reputation as France's uncontested master of the lowbrow serial novel.
[22]*And we gave her moving and theatrical apologies.*
[23]*Which meant that in no time we were sopping wet.*

fondo de las vías, o el río al otro lado, el pedacito de río color café con leche.

Después de esta primera inspección del reino bajábamos el talud y nos metíamos en la mala sombra de los sauces pegados a la tapia de nuestra casa, donde se abría la puerta blanca. Ahí estaba la capital del reino, la ciudad silvestre y la central de nuestro juego. La primera en iniciar el juego era Leticia, la más feliz de las tres y la más privilegiada. Leticia no tenía que secar los platos ni hacer las camas, podía pasarse el día leyendo o pegando figuritas, y de noche la dejaban quedarse hasta más tarde si lo pedía, aparte de la pieza solamente para ella, el caldo de hueso y toda clase de ventajas. Poco a poco se había ido aprovechando de los privilegios, y desde el verano anterior dirigía el juego, yo creo que en realidad dirigía el reino; por lo menos se adelantaba a decir las cosas y Holanda y yo aceptábamos sin protestar, casi contentas. Es probable que las largas conferencias de mamá sobre cómo debíamos portarnos con Leticia hubieran hecho su efecto, o simplemente que la queríamos bastante y no nos molestaba que fuese la jefa. Lástima que no tenía aspecto para jefa, era la más baja de las tres, y tan flaca. Holanda era flaca, y yo nunca pesé más de cincuenta kilos, pero Leticia era la más flaca de las tres, y para peor una de esas flacuras que se ven de fuera, en el pescuezo y las orejas. Tal vez el endurecimiento de la espalda la hacía parecer más flaca, como casi no podía mover la cabeza a los lados daba la impresión de una tabla de planchar parada, de esas forradas de género blanco como había en casa de las de Loza. Una tabla de planchar con la parte más ancha para arriba, parada contra la pared. Y nos dirigía.

La satisfacción más profunda era imaginarme que mamá o tía Ruth se enteraran un día del juego. Si llegaban a enterarse del juego se iba a armar una meresunda increíble. El si bemol y los desmayos, las inmensas protestas de devoción y sacrificio malamente recompensados, el amontonamiento de invocaciones a los castigos más célebres, para rematar con el anuncio de nuestros destinos, que consistían en que las tres terminaríamos en la calle. Esto último siempre nos había dejado perplejas porque terminar en la calle nos parecía bastante normal.

Primero Leticia nos sorteaba. Usábamos piedritas escondidas en la mano, contar hasta veintiuno, cualquier sistema. Si usábamos el de contar hasta veintiuno, imaginábamos dos o tres chicas más y las incluíamos en la cuenta para evitar trampas. Si una de ellas salía veintiuna, la sacábamos del grupo y sorteábamos de nuevo, hasta que nos tocaba a una de nosotras. Entonces Holanda y yo levantábamos la piedra y abríamos la caja de los ornamentos. Suponiendo que Holanda hubiese ganado, Leticia y yo escogíamos los ornamentos. El juego marcaba dos formas: estatuas y actitudes. Las actitudes no requerían ornamentos pero sí mucha expresividad, para la envidia mostrar los dientes, crispar las manos y arreglárselas de modo de tener un aire amarillo.[24] Para la caridad el ideal era un rostro angélico, con los ojos vueltos al cielo, mientras las manos ofrecían algo —un trapo, una pelota, una rama de sauce— a un pobre huerfanito invisible. La vergüenza y el miedo eran fáciles de hacer; el rencor y los celos exigían estudios más detenidos. Los ornamentos se destinaban casi todos a las estatuas, donde reinaba una libertad absoluta. Para que una estatua resultara, había que pensar bien cada detalle de la indumentaria. El juego marcaba que la elegida no podía tomar parte en la selección; las dos restantes debatían el asunto y aplicaban luego los ornamentos. La elegida debía inventar su estatua aprovechando lo que le habían puesto, y el juego era así mucho más complicado y excitante porque a veces había alianzas contra, y la víctima se veía ataviada con ornamentos que no le iban para nada;[25] de su viveza dependía entonces que inventara una buena estatua. Por lo general cuando el juego marcaba actitudes la elegida salía bien parada pero hubo veces en que las estatuas fueron fracasos horribles.

Lo que cuento empezó vaya a saber cuándo,[26] pero las cosas cambiaron el día en que el primer papelito cayó del tren. Por supuesto que las actitudes y las estatuas no eran para nosotras mismas, porque nos hubiéramos cansado en seguida. El juego

[24]*For envy you had to show your teeth, make your hands twitch, and find a way of looking green* (literally, yellow).
[25]*Which didn't suit her at all.*
[26]*Heavens knows when.*

marcaba que la elegida debía colocarse al pie del talud, saliendo de la sombra de los sauces, y esperar el tren de las dos y ocho que venía del Tigre.[27] A esa altura de Palermo[28] los trenes pasan bastante rápido, y no nos daba vergüenza hacer la estatua o la actitud. Casi no veíamos a la gente de las ventanillas pero con el tiempo llegamos a tener práctica y sabíamos que algunos pasajeros esperaban vernos. Un señor de pelo blanco y anteojos de carey sacaba la cabeza por la ventanilla y saludaba a la estatua o la actitud con el pañuelo. Los chicos que volvían del colegio sentados en los estribos gritaban cosas al pasar, pero algunos se quedaban serios mirándonos. En realidad la estatua o la actitud no veía nada, por el esfuerzo de mantenerse inmóvil, pero las otras dos bajo los sauces analizaban con gran detalle el buen éxito o la indiferencia producidos. Fue un martes cuando cayó el papelito, al pasar el segundo coche. Cayó muy cerca de Holanda, que ese día era la maledicencia, y rebotó hasta mí. Era un papelito muy doblado y sujeto a una tuerca. Con letra de varón y bastante mala, decía: «Muy lindas las estatuas. Viajo en la tercera ventanilla del segundo coche. Ariel B.»[E2] Nos pareció un poco seco, con todo ese trabajo de atarle la tuerca y tirarlo, pero nos encantó. Sorteamos para saber quién se lo quedaría, y me lo gané.[29] Al otro día ninguna quería jugar para poder ver cómo era Ariel B., pero temimos que interpretara mal nuestra interrupción, de manera que sorteamos y ganó Leticia. Nos alegramos mucho con Holanda porque Leticia era muy buena como estatua, pobre criatura. La parálisis no se notaba estando quieta, y ella era capaz de gestos de una enorme nobleza. Como actitudes elegía siempre la generosidad, la piedad, el sacrificio y el renunciamiento. Como estatuas buscaba el estilo de la Venus de la sala que tía Ruth llamaba la Venus del Nilo.[30] Por eso le elegimos ornamentos especiales para que Ariel se llevara una buena impresión. Le pusimos un pedazo de terciopelo verde a manera de túnica, y una corona de sauce en el pelo. Como

[27]Tigre is a district north west of Buenos Aires, in the delta of the River Paraná.

[28]Palermo is a relatively prosperous suburb of Buenos Aires.

[29]*We drew lots to see who would keep it, and I was the winner.*

[30]Aunt Ruth was thinking of the Venus de Milo (found in Milos). This is the most famous statue of the goddess of love and beauty (a Roman goddess identified with the Greek goddess Aphrodite).

andábamos de manga corta, el efecto griego era grande. Leticia se ensayó un rato a la sombra, y decidimos que nosotras nos asomaríamos también y saludaríamos a Ariel con discreción pero muy amables.

Leticia estuvo magnífica, no se le movía ni un dedo cuando llegó el tren. Como no podía girar la cabeza la echaba para atrás, juntando los brazos al cuerpo casi como si le faltaran; aparte el verde de la túnica, era como mirar la Venus del Nilo. En la tercera ventanilla vimos a un muchacho de rulos rubios y ojos claros que nos hizo una gran sonrisa al descubrir que Holanda y yo lo saludábamos. El tren se lo llevó en un segundo, pero eran las cuatro y media y todavía discutíamos si vestía de oscuro, si llevaba corbata roja y si era odioso o simpático. El jueves yo hice la actitud del desaliento, y recibimos otro papelito que decía: «Las tres me gustan mucho. Ariel.» Ahora él sacaba la cabeza y un brazo por la ventanilla y nos saludaba riendo. Le calculamos dieciocho años (seguras de que no tenía más de dieciséis) y convinimos en que volvía diariamente de algún colegio inglés.[31] Lo más seguro de todo era el colegio inglés, no podíamos aceptar un incorporado cualquiera.[32] Se vería que Ariel era muy bien.

Pasó que Holanda tuvo la suerte increíble de ganar tres días seguidos. Superándose, hizo las actitudes del desengaño y el latrocinio, y una estatua dificilísima de bailarina, sosteniéndose en un pie desde que el tren entró en la curva. Al otro día gané yo, y después de nuevo; cuando estaba haciendo la actitud del horror, recibí casi en la nariz un papelito de Ariel que al principio no entendimos: «La más linda es la más haragana.» Leticia fue la última en darse cuenta, la vimos que se ponía colorada y se iba a un lado, y Holanda y yo nos miramos con un poco de rabia. Lo primero que se nos ocurrió sentenciar fue que Ariel era un idiota, pero no podíamos decirle eso a Leticia, pobre ángel, con su sensibilidad y la cruz que llevaba encima.[33] Ella no dijo nada, pero pareció entender que el papelito era suyo y se lo guardó. Ese día volvimos bastante calladas a casa, y por la noche no jugamos

[31]English schools in Argentina are often expensive and exclusive.
[32]*We couldn't admit just anyone into the group.*
[33]*That handicap that she bore everywhere.*

juntas. En la mesa Leticia estuvo muy alegre, le brillaban los ojos, y mamá miró una o dos veces a tía Ruth como poniéndola de testigo de su propia alegría. En aquellos días estaban ensayando un nuevo tratamiento fortificante para Leticia, y por lo visto era una maravilla lo bien que le sentaba.

Antes de dormirnos, Holanda y yo hablamos del asunto. No nos molestaba el papelito de Ariel, desde un tren andando las cosas se ven como se ven, pero nos parecía que Leticia se estaba aprovechando demasiado de su ventaja sobre nosotras. Sabía que no le íbamos a decir nada, y que en una casa donde hay alguien con algún defecto físico y mucho orgullo, todos juegan a ignorarlo empezando por el enfermo, o más bien se hacen los que no saben que el otro sabe.[34] Pero tampoco había que exagerar y la forma en que Leticia se había portado en la mesa, o su manera de guardarse el papelito, era demasiado. Esa noche yo volví a soñar mis pesadillas con trenes, anduve de madrugada por enormes playas ferroviarias cubiertas de vías llenas de empalmes, viendo a distancia las luces rojas de locomotoras que venían, calculando con angustia si el tren pasaría a mi izquierda, y a la vez amenazada por la posible llegada de un rápido a mi espalda o —lo que era peor— que a último momento uno de los trenes tomara uno de los desvíos y se me viniera encima. Pero de mañana me olvidé porque Leticia amaneció muy dolorida y tuvimos que ayudarla a vestirse. Nos pareció que estaba un poco arrepentida de lo de ayer y fuimos muy buenas con ella, diciéndole que esto le pasaba por andar demasiado, y que tal vez lo mejor sería que se quedara leyendo en su cuarto. Ella no dijo nada pero vino a almorzar a la mesa, y a las preguntas de mamá contestó que ya estaba muy bien y que casi no le dolía la espalda. Se lo decía y nos miraba.

Esa tarde gané yo, pero en ese momento me vino un no sé qué y le dije a Leticia que le dejaba mi lugar, claro que sin darle a entender por qué. Ya que el otro la prefería, que la mirara hasta cansarse. Como el juego marcaba estatua, le elegimos cosas sencillas para no complicarle la vida, y ella inventó una especie de princesa china, con aire vergonzoso, mirando al suelo y juntando

[34]*Everyone plays at being unaware of it, starting with the sick person, or rather they pretend not to know that the other knows.*

62

las manos como hacen las princesas chinas. Cuando pasó el tren, Holanda se puso de espaldas bajo los sauces pero yo miré y vi que Ariel no tenía ojos más que para Leticia. La siguió mirando hasta que el tren se perdió en la curva, y Leticia estaba inmóvil y no sabía que él acababa de mirarla así. Pero cuando vino a descansar bajo los sauces vimos que sí sabía, y que le hubiera gustado seguir con los ornamentos toda la tarde, toda la noche.

El miércoles sorteamos entre Holanda y yo porque Leticia nos dijo que era justo que ella se saliera.[35] Ganó Holanda con su suerte maldita, pero la carta de Ariel cayó de mi lado. Cuando la levanté tuve el impulso de dársela a Leticia que no decía nada, pero pensé que tampoco era cosa de complacerle todos los gustos, y la abrí despacio. Ariel anunciaba que al otro día iba a bajarse en la estación vecina y que vendría por el terraplén para charlar un rato. Todo estaba terriblemente escrito, pero la frase final era hermosa: «Saludo a las tres estatuas muy atentamente.» La firma parecía un garabato aunque se notaba la personalidad.

Mientras le quitábamos los ornamentos a Holanda. Leticia me miró una o dos veces. Yo les había leído el mensaje y nadie hizo comentarios, lo que resultaba molesto porque al fin y al cabo Ariel iba a venir y había que pensar en esa novedad y decidir algo. Si en casa se enteraban, o por desgracia a alguna de las de Loza le daba por espiarnos, con lo envidiosas que eran esas enanas, seguro que se iba a armar la meresunda. Además que era muy raro quedarnos calladas con una cosa así, sin mirarnos casi mientras guardábamos los ornamentos y volvíamos por la puerta blanca.

Tía Ruth nos pidió a Holanda y a mí que bañáramos a José, se llevó a Leticia para hacerle el tratamiento, y por fin pudimos desahogarnos tranquilas. Nos parecía maravilloso que viniera Ariel, nunca habíamos tenido un amigo así, a nuestro primo Tito no lo contábamos, un tilingo que juntaba figuritas y creía en la primera comunión. Estábamos nerviosísimas con la expectativa y José pagó el pato, pobre ángel. Holanda fue más valiente y sacó el tema de Leticia. Yo no sabía qué pensar, de un lado me parecía horrible que Ariel se enterara, pero también era justo que las cosas se

---

[35]*It was fair that she should be counted out.*

aclararan porque nadie tiene por qué perjudicarse a causa de otro. Lo que yo hubiera querido es que Leticia no sufriera, bastante cruz tenía encima y ahora con el nuevo tratamiento y tantas cosas.

A la noche mamá se extrañó de vernos tan calladas y dijo qué milagro, si nos habían comido la lengua los ratones, después miró a tía Ruth y las dos pensaron seguro que habíamos hecho alguna gorda y que nos remordía la conciencia. Leticia comió muy poco y dijo que estaba dolorida, que la dejaran ir a su cuarto a leer Rocambole.[36] Holanda le dio el brazo aunque ella no quería mucho, y yo me puse a tejer, que es una cosa que me viene cuando estoy nerviosa. Dos veces pensé ir al cuarto de Leticia, no me explicaba qué hacían esas dos ahí solas, pero Holanda volvió con aire de gran importancia y se quedó a mi lado sin hablar hasta que mamá y tía Ruth levantaron la mesa. «Ella no va a ir mañana. Escribió una carta y dijo que si él pregunta mucho, que se la demos.» Entornando el bolsillo de la blusa me hizo ver un sobre violeta. Después nos llamaron para secar los platos, y esa noche nos dormimos casi en seguida por todas las emociones y el cansancio de bañar a José.

Al otro día me tocó a mí salir de compras al mercado y en toda la mañana no vi a Leticia que seguía en su cuarto. Antes que llamaran a la mesa entré un momento y la encontré al lado de la ventana, con muchas almohadas y el tomo noveno de Rocambole. Se veía que estaba mal, pero se puso a reír y me contó de una abeja que no encontraba la salida y de un sueño cómico que había tenido. Yo le dije que era una lástima que no fuera a venir a los sauces, pero me parecía tan difícil decírselo bien. «Si querés[E3] podemos explicarle a Ariel que estabas descompuesta», le propuse, pero ella decía que no y se quedaba callada. Yo insistí un poco en que viniera, y al final me animé y le dije que no tuviese miedo, poniéndole como ejemplo que el verdadero cariño no conoce barreras y otras ideas preciosas que habíamos aprendido en *El Tesoro de la Juventud*,[37] pero era cada vez más difícil decirle nada porque ella miraba la ventana y parecía como si fuera a ponerse a

---

[36]*Rocambole* is a corruption of the words *Rock and Roll*.

[37]*El tesoro de la juventud* is a book widely read by schoolchildren in Argentina and Chile.

llorar. Al final me fui diciendo que mamá me precisaba. El almuerzo duró días, y Holanda se ganó un sopapo de tía Ruth por salpicar el mantel con tuco. Ni me acuerdo de cómo secamos los platos, de repente estábamos en los sauces y las dos nos abrazábamos llenas de felicidad y nada celosas una de otra. Holanda me explicó todo lo que teníamos que decir sobre nuestros estudios para que Ariel se llevara una buena impresión, porque los del secundario desprecian a las chicas que no han hecho más que la primaria y solamente estudian corte y repujado al aceite.[38] Cuando pasó el tren de las dos y ocho Ariel sacó los brazos con entusiasmo, y con nuestros pañuelos estampados le hicimos señas de bienvenida. Unos veinte minutos después lo vimos llegar por el terraplén, y era más alto de lo que pensábamos y todo de gris.

Bien no me acuerdo de lo que hablamos al principio, él era bastante tímido a pesar de haber venido y los papelitos, y decía cosas muy pensadas. Casi en seguida nos elogió mucho las estatuas y las actitudes y preguntó cómo nos llamábamos y por qué faltaba la tercera. Holanda explicó que Leticia no había podido venir, y él dijo que era una lástima y que Leticia le parecía un nombre precioso. Después nos contó cosas del Industrial, que por desgracia no era un colegio ingles,[39] y quiso saber si le mostraríamos los ornamentos. Holanda levantó la piedra y le hicimos ver las cosas. A él parecían interesarle mucho, y varias veces tomó alguno de los ornamentos y dijo: «Este lo llevaba Leticia un día», o: «Este fue para la estatua oriental», con lo que quería decir la princesa china. Nos sentamos a la sombra de un sauce y él estaba contento pero distraido, se veía que sólo se quedaba de bien educado.[40] Holanda me miró dos o tres veces cuando la conversación decaía, y eso nos hizo mucho mal a las dos, nos dio deseos de irnos o que Ariel no hubiese venido nunca. Él pregunó otra vez si Leticia estaba enferma, y Holanda me miró y yo creí que iba a decirle, pero en cambio contestó que Leticia no había podido venir. Con una ramita Ariel dibujaba cuerpos geométricos en la tierra, y de cuando en

[38]*They only study dressmaking and cookery.*
[39]Ariel's technical college causes the first in a series of amusing disappointments.
[40]*He only stayed out of good manners.*

65

cuando miraba la puerta blanca y nosotras sabíamos lo que estaba pensando, por eso Holanda hizo bien en sacar el sobre violeta y alcanzárselo, y él se quedó sorprendido con el sobre en la mano después se puso muy colorado mientras le explicábamos que eso se lo mandaba Leticia, y se guardó la carta en el bolsillo de adentro del saco sin querer leerla delante de nosotras. Casi en seguida dijo que había tenido un gran placer y que estaba encantado de haber venido, pero su mano era blanda y antipática de modo que fue mejor que la visita se acabara, aunque más tarde no hicimos más que pensar en sus ojos grises y en esa manera triste que tenía de sonreír. También nos acordamos de cómo se había despedido diciendo: «Hasta siempre», una forma que nunca habíamos oído en casa y que nos pareció tan divina y poética. Todo se lo contamos a Leticia que nos estaba esperando debajo del limonero del patio, y yo hubiese querido preguntarle qué decía su carta pero me dio no sé qué porque ella había cerrado el sobre antes de confiárselo a Holanda, así que no le dije nada y solamente le contamos cómo era Ariel y cuantas veces había preguntado por ella. Esto no era nada fácil de decírselo porque era una cosa linda y mala a la vez, nos dábamos cuenta que Leticia se sentía muy feliz y al mismo tiempo estaba casi llorando, hasta que nos fuimos diciendo que tía Ruth nos precisaba y la dejamos mirando las avispas del limonero.

Cuando íbamos a dormirnos esa noche, Holanda me dijo: «Vas a ver que desde mañana se acaba el juego.» Pero se equivocaba aunque no por mucho, y al otro dia Leticia nos hizo la seña convenida en el momento del postre. Nos fuimos a lavar la loza bastante asombradas y con un poco de rabia, porque eso era una desvergüenza de Leticia y no estaba bien. Ella nos esperaba en la puerta y casi nos morimos de miedo cuando al llegar a los sauces vimos que sacaba del bolsillo el collar de perlas de mamá y todos los anillos, hasta el grande con rubí de tía Ruth. Si las de Loza espiaban y nos veían con las alhajas, seguro que mamá iba a saberlo en seguida y que nos mataría, enanas asquerosas. Pero Leticia no estaba asustada y dijo que si algo sucedía ella era la única responsable. «Quisiera que me dejaran hoy a mi», agregó sin mirarnos. Nosotras sacamos en seguida los ornamentos, de golpe queríamos ser tan buenas con Leticia, darle todos los gustos y eso que en el fondo nos quedaba un poco de encono. Como el juego marcaba estatua, le elegimos cosas preciosas que iban bien con las alhajas, muchas plumas de pavorreal para sujetar en el pelo, una piel que de lejos parecía un zorro plateado, y un velo rosa que ella se puso como un turbante. La vimos que pensaba, ensayando la estatua pero sin moverse, y cuando el tren apareció en la curva fue a ponerse al pie del talud con todas las alhajas que brillaban al sol. Levantó los brazos como si en vez de una estatua fuera a hacer una actitud, y con las manos señaló el cielo mientras echaba la cabeza hacia atrás (que era lo único que podía hacer, pobre) y doblaba el cuerpo hasta darnos miedo. Nos pareció maravillosa, la estatua más regia que había hecho nunca, y entonces vimos a Ariel que la miraba, salido de la ventanilla la miraba solamente a ella, girando la cabeza y mirándola sin vernos a nosotras hasta que el tren se lo llevó de golpe. No sé por qué las dos corrimos al mismo tiempo a sostener a Leticia que estaba con los ojos cerrados y grandes lagrimones por toda la cara. Nos rechazó sin enojo, pero la ayudamos a esconder las alhajas en el bolsillo, y se fue sola a casa mientras guardábamos por última vez los ornamentos en su caja. Casi sabíamos lo que iba a suceder pero lo mismo al otro día fuimos las dos a los sauces, después que tía Ruth nos exigió silencio absoluto para no molestar a Leticia que estaba dolorida y quería dormir. Cuando llegó el tren vimos sin ninguna sorpresa la tercera ventanilla vacía, y mientras nos sonreíamos entre aliviadas y furiosas, imaginamos a Ariel viajando del otro lado del coche, quieto en su asiento, mirando hacia el río con sus ojos grises.

Las babas del diablo[E4]

Nunca se sabrá cómo hay que contar esto, si en primera persona o en segunda, usando la tercera del plural o inventando continuamente formas que no servirán de nada. Si se pudiera decir: yo vieron subir la luna o: nos me duele el fondo de los ojos, y sobre todo así: tú la mujer rubia eran las nubes que siguen corriendo delante de mis tus sus nuestros vuestros sus rostros.[E5] Qué diablos.[41]

Puestos a contar,[42] si se pudiera ir a beber un bock por ahí y que la máquina siguiera sola (porque escribo a máquina), sería la perfección. Y no es un modo de decir. La perfección, sí, porque aquí el agujero que hay que contar es también una máquina[43] (de otra especie, una Cóntax 1.1.2) y a lo mejor puede ser que una máquina sepa más de otra máquina que yo, tú, ella —la mujer rubia— y las nubes. Pero de tonto sólo tengo la suertes[44] y sé que si me voy, esta Rémington[45] se quedará petrificada sobre la mesa con ese aire de doblemente quietas que tienen las cosas movibles cuando no se mueven. Entonces tengo que escribir. Uno de todos nosotros[46] tiene que escribir, si es que esto va a ser contado. Mejor que sea yo que estoy muerto, que estoy menos comprometido que el resto; yo que no veo más que las nubes y puedo pensar sin distraerme, escribir sin distraerme (ahí pasa otra con un borde gris) y acordarme sin distraerme, yo que estoy muerto (y vivo, no se trata de engañar a nadie, ya se verá cuando llegue el momento, porque de alguna manera tengo que arrancar y he empezado por esta punta, la de atrás, la del comienzo, que al fin y al cabo es la mejor de las puntas cuando se quiere contar algo).

---

[41]*What the hell.* (The first of a number of allusions to the title.)
[42]*Having begun telling the story.*
[43]A play on the use of *máquina* for both typewriter and camera.
[44]*But it's my luck to be just stupid.*
[45]i.e. camera.
[46]A reference to the points of view explored in the first paragraph.

De repente me pregunto por qué tengo que contar esto, pero si uno empezara a preguntarse por qué hace todo lo que hace, si uno se preguntara solamente por qué acepta una invitación a cenar (ahora pasa una paloma, y me parece que un gorrión)[47] o por qué cuando alguien nos ha contado un buen cuento, en seguida empieza como una cosquilla en el estómago y no se está tranquilo hasta entrar en la oficina de al lado y contar a su vez el cuento; recién entonces[48] uno está bien, está contento y puede volverse a su trabajo. Que yo sepa nadie ha explicado esto, de manera que lo mejor es dejarse de pudores[49] y contar, porque al fin y al cabo nadie se avergüenza de respirar o de ponerse los zapatos; son cosas que se hacen, y cuando pasa algo raro, cuando dentro del zapato encontramos una araña o al respirar se siente como un vidrio roto, entonces hay que contar lo que pasa, contarlo a los muchachos de la oficina o al médico. Ay, doctor, cada vez que respiro... Siempre contarlo, siempre quitarse esa cosquilla molesta del estómago.

Y ya que vamos a contarlo pongamos un poco de orden, bajemos por la escalera de esta casa hasta el domingo siete de noviembre, justo un mes atrás.[E6] Uno baja cinco pisos y ya está en el domingo, con un sol insospechado para noviembre en París, con muchísimas ganas de andar por ahí de ver cosas, de sacar fotos (porque éramos fotógrafos, soy fotógrafo). Ya sé que lo mas difícil va a ser encontrar la manera de contarlo, y no tengo miedo de repetirme. Va a ser difícil porque nadie sabe bien quién es el que verdaderamente está contando, si soy yo o eso que ha ocurrido, o lo que estoy viendo (nubes, y a veces una paloma) o si sencillamente cuento una verdad que es solamente mi verdad, y entonces no es la verdad salvo para mi estómago, para estas ganas de salir corriendo y acabar de alguna manera con esto sea lo que fuere.[50]

Vamos a contarlo despacio, ya se irá viendo qué ocurre a medida que lo escribo. Si me sustituyen, si ya no sé qué decir, si se acaban las nubes y empieza alguna otra cosa (porque no puede ser que esto sea estar viendo continuamente nubes que pasan, y a veces

---

[47]*A pigeon and, I think, a sparrow.*
[48]*Soon after that.*
[49]*To stop all this shyness.*
[50]*Whatever it may be.*

una paloma), si algo de todo eso... Y después del «si», ¿qué voy a poner, cómo voy a clausurar correctamente la oración?[51] Pero si empiezo a hacer preguntas no contaré nada; mejor contar, quizá contar sea como una respuesta, por lo menos para alguno que lo lea.

Roberto Michel, franco-chileno, traductor y fotógrafo aficionado a sus horas, salió del número 11 de la rue Monsieur-le-Prince[52] el domingo siete de noviembre del año en curso (ahora pasan dos más pequeñas, con los bordes plateados). Llevaba tres semanas trabajando en la versión al francés del tratado sobre recusaciones y recursos de José Norberto Allende,[53] profesor en la universidad de Santiago. Es raro que haya viento en París, y mucho menos un viento que en las esquinas se arremolinaba y subía castigando las viejas persianas de madera tras de las cuales sorprendidas señoras comentaban de diversas maneras la inestabilidad del tiempo en estos últimos años. Pero el sol estaba también ahí, cabalgando el viento[E7] y amigo de los gatos, por lo cual nada me impediría dar una vuelta por los muelles del Sena y sacar unas fotos de la Conserjería y la Sainte-Chapelle.[54] Eran apenas las diez, y calculé que hacia las once tendría buena luz, la mejor posible en otoño; para perder tiempo derivé hasta la isla Saint-Louis y me puse a andar por el Quai d'Anjou, miré un rato el hotel de Lauzun,[55] me recité unos fragmentos de Apollinaire que siempre me vienen a la cabeza cuando paso delante del hotel de Lauzun (y eso que debería acordarme de otro poeta,[56] pero Michel es un porfiado), y cuando de golpe cesó el viento y el sol se puso

[51]*How am I going to round the sentence off correctly?*

[52]Like other locations named in the paragraph, this street is situated near the centre of Paris.

[53]Cortázar himself acted as a translator for UNESCO.

[54]On the River Seine's Ile de la Cité, La Conciergerie is a fourteenth-century prison which, during the French Revolution, held people awaiting the guillotine. On the south side of the island, La Sainte-Chapelle is renowned for its Gothic architecture and fine windows.

[55]The Ile St-Louis lies to the east of the Ile de la Cité, to which it is connected by a bridge. The Hôtel Lauzun, on the north-east side of the Ile St-Louis, is one of the main landmarks of the Quai d'Anjou.

[56]Presumably either Théophile Gautier or Baudelaire, both of whom lived for a time in the Hôtel de Lauzun.

por lo menos dos veces más grande (quiero decir más tibio pero en realidad es lo mismo),[57] me senté en el parapeto y me sentí terriblemente feliz en la mañana del domingo.

Entre las muchas maneras de combatir la nada, una de las mejores es sacar fotografías, actividad que debería enseñarse tempranamente a los niños, pues exige disciplina, educación estética, buen ojo y dedos seguros. No se trata de estar acechando la mentira como cualquier repórter, y atrapar la estúpida silueta del personajón que sale del número 10 de Downing Street, pero de todas maneras cuando se anda con la cámara hay como el deber de estar atento, de no perder ese brusco y delicioso rebote de un rayo de sol en una vieja piedra, o la carrera trenzas al aire de una chiquilla que vuelve con un pan o una botella de leche. Michel sabía que el fotógrafo opera siempre como una permutación de su manera personal de ver el mundo por otra que la cámara le impone insidiosa (ahora pasa una gran nube casi negra), pero no desconfiaba, sabedor de que le bastaba salir sin la Cóntax para recuperar el tono distraído, la visión sin encuadre, la luz sin diafragma ni 1/250.[E8] Ahora mismo (qué palabra, *ahora,* qué estúpida mentira) podía quedarme sentado en el pretil sobre el río, mirando pasar las pinazas negras y rojas, sin que se me ocurriera pensar fotográficamente las escenas, nada más que dejándome ir en el dejarse ir de las cosas, corriendo inmóvil con el tiempo. Y ya no soplaba viento.

Después seguí por el Quai de Bourbon hasta llegar a la punta de la isla, donde la íntima placita (íntima por pequeña y no por recatada, pues da todo el pecho al río y al cielo) me gusta y me regusta. No había más que una pareja, y claro, palomas; quizá alguna de las que ahora pasan por lo que estoy viendo. De un salto me instalé en el parapeto y me dejé envolver y atar por el sol, dándole la cara, las orejas, las dos manos (guardé los guantes en el bolsillo). No tenía ganas de sacar fotos, y encendí un cigarrillo por hacer algo; creo que en el momento en que acercaba el fósforo al tabaco vi por primera vez al muchachito.

Lo que había tomado por una pareja se parecía mucho más a un

---

[57]We would say that in reality it is not the same, of course, but the author is raising questions about reality, language and perception.

chico con su madre, aunque al mismo tiempo me daba cuenta de que no era un chico con su madre, de que era una pareja en el sentido que damos siempre a las parejas cuando las vemos apoyadas en los parapetos o abrazadas en los bancos de las plazas. Como no tenía nada que hacer me sobraba tiempo para preguntarme por qué el muchachito estaba tan nervioso, tan como un potrillo o una liebre, metiendo las manos en los bolsillos, sacando en seguida una y después la otra, pasándose los dedos por el pelo, cambiando de postura, y sobre todo por qué tenía miedo, pues eso se lo adivinaba en cada gesto, un miedo sofocado por la vergüenza, un impulso de echarse atrás que se advertía como si su cuerpo estuviera al borde de la huida, conteniéndose en un ultimo y lastimoso decoro.

Tan claro era todo eso, ahí a cinco metros —y estábamos solos contra el parapeto, en la punta de la isla – que al principio el miedo del chico no me dejó ver bien a la mujer rubia. Ahora, pensándolo, la veo mucho mejor en ese primer momento en que le leí la cara (de golpe había girado como una veleta de cobre, y los ojos, los ojos estaban ahí), cuando comprendí vagamente lo que podía estar ocurriéndole al chico y me dije que valía la pena quedarse y mirar (el viento se llevaba las palabras, los apenas murmullos). Creo que sé mirar, si es que algo sé, y que todo mirar rezuma falsedad, porque es lo que nos arroja más afuera de nosotros mismos, sin la menor garantía, en tanto que oler, o (pero Michel se bifurca fácimente, no hay que dejarlo que declame a gusto).[E9] De todas maneras, si de antemano se prevé la probable falsedad, mirar se vuelve posible; basta quizá elegir bien entre el mirar y lo mirado, desnudar a las cosas de tanta ropa ajena. Y, claro, todo esto es más bien difícil.

Del chico recuerdo la imagen antes que el verdadero cuerpo (esto se entenderá después), mientras que ahora estoy seguro que de la mujer recuerdo mucho mejor su cuerpo que su imagen. Era delgada y esbelta, dos palabras injustas para decir lo que era, y vestía un abrigo de piel casi negro, casi largo, casi hermoso. Todo el viento de esa mañana (ahora soplaba apenas, y no hacía frío) le había pasado por el pelo rubio que recortaba su cara blanca y sombría —dos palabras injustas— y dejaba al mundo de pie y horriblemente solo delante de sus ojos negros, sus ojos que caían sobre las cosas como dos águilas, dos saltos al vacío, dos ráfagas de fango verde. No describo nada, trato más bien de entender. Y he dicho dos ráfagas de fango verde.

Seamos justos, el chico estaba bastante bien vestido y llevaba unos guantes amarillos que yo hubiera jurado que eran de su hermano mayor, estudiante de derecho o ciencias sociales; era gracioso ver los dedos de los guantes saliendo del bolsillo de la chaqueta. Largo rato no le vi la cara, apenas un perfil nada tonto — pájaro azorado, ángel de Fra Filippo,[58] arroz con leche— y una espalda de adolescente que quiere hacer judo y que se ha peleado un par de veces por una idea o una hermana. Al filo de los catorce, quizá de los quince, se lo adivinaba vestido y alimentado por sus padres pero sin un centavo en el bolsillo, teniendo que deliberar con los camaradas antes de decidirse por un café, un coñac, un atado de cigarrillos. Andaría por las calles pensando en las condiscípulas, en lo bueno que sería ir al cine y ver la última película, o comprar novelas o corbatas o botellas de licor con etiquetas verdes y blancas. En su casa (su casa sería respetable, sería almuerzo a las doce y paisajes románticos en las paredes, con un oscuro recibimiento y un paragüero de caoba al lado de la puerta) llovería despacio el tiempo de estudiar, de ser la esperanza de mamá, de parecerse a papá, de escribir a la tía de Avignon.[59] Por eso tanta calle, todo el río para él (pero sin un centavo) y la ciudad misteriosa de los quince años, con sus signos en las puertas, sus gatos estremecedores, el cartucho de papas fritas a treinta francos, la revista pornográfica doblada en cuatro, la soledad como un vacío en los bolsillos, los encuentros felices, el fervor por tanta cosa incomprendida pero iluminada por un amor total, por la disponibilidad parecida al viento y a las calles.

Esta biografía era la del chico y la de cualquier chico pero a éste lo veía ahora aislado, vuelto único por la presencia de la mujer

[58]Fra Filippo Lippi, a fifteenth-century Italian painter.
[59]*Back home (his house would be respectable, with lunch at twelve, romantic landscapes on the walls, a dark hall and a mahogany umbrella stand beside the door) time would drizzle slowly by as he studied, was the apple of his mother's eye, was just like his dad, and wrote to his aunt in Avignon.*

rubia que seguía hablándole. (Me cansa insistir, pero acaban de pasar dos largas nubes desflecadas. Pienso que aquella mañana no miré ni una sola vez el cielo, porque tan pronto presentí lo que pasaba con el chico y la mujer no pude más que mirarlos y esperar, mirarlos y...) Resumiendo, el chico estaba inquieto y se podía adivinar sin mucho trabajo lo que acababa de ocurrir pocos minutos antes, a lo sumo media hora. El chico había llegado hasta la punta de la isla, vio a la mujer y la encontró admirable. La mujer esperaba eso porque estaba ahí para esperar eso, o quizá el chico llegó antes y ella lo vio desde un balcón o desde un auto y salió a su encuentro, provocando el diálogo con cualquier cosa, segura desde el comienzo de que él iba a tenerle miedo y a querer escaparse, y que naturalmente se quedaría, engallado y hosco, fingiendo la veteranía y el placer de la aventura. El resto era fácil porque estaba ocurriendo a cinco metros de mí y cualquiera hubiese podido medir las etapas del juego, la esgrima irrisoria; su mayor encanto no era su presente, sino la previsión del desenlace. El muchacho acabaría por pretextar una cita, una obligación cualquiera, y se alejaría tropezando y confundido, queriendo caminar con desenvoltura, desnudo bajo la mirada burlona que lo seguiría hasta el final. O bien se quedaría, fascinado o simplemente incapaz de tomar la iniciativa, y la mujer empezaría a acariciarle la cara, a despeinarlo, hablándole ya sin voz, y de pronto lo tomaría del brazo para llevárselo, a menos que él, con una desazón que quizá empezara a teñir el deseo, el riesgo de la aventura, se animase a pasarle el brazo por la cintura y a besarla. Todo esto podía ocurrir pero aún no ocurría, y perversamente Michel esperaba, sentado en el pretil, aprontando casi sin darse cuenta la cámara para sacar una foto pintoresca en un rincón de la isla con una pareja nada común hablando y mirándose.

Curioso que la escena (la nada, casi: dos que están ahí, desigualmente jóvenes)[60] tuviera como un aura inquietante. Pensé que eso lo ponía yo, y que mi foto, si la sacaba, restituiría las cosas a su tonta verdad. Me hubiera gustado saber qué pensaba el hombre del sombrero gris sentado al volante del auto detenido en el muelle

[60]*Both young, but to unequal extents.*

74

que lleva a la pasarela, y que leía el diario o dormía. Acababa de descubrirlo, porque la gente dentro de un auto detenido casi desaparece, se pierde en esa mísera jaula privada de la belleza que le dan el movimiento y el peligro.[61] Y sin embargo el auto había estado ahí todo el tiempo, formando parte (o deformando esa parte) de la isla. Un auto: como decir un farol de alumbrado, un banco de plaza. Nunca el viento, la luz del sol, esas materias siempre nuevas para la piel y los ojos, y también el chico y la mujer, únicos, puestos ahí para alterar la isla, para mostrármela de otra manera. En fin, bien podía suceder que también el hombre del diario estuviera atento a lo que pasaba y sintiera como yo ese regusto maligno de toda expectativa. Ahora la mujer había girado suavemente hasta poner al muchachito entre ella y el parapeto, los veía casi de perfil y él era más alto, pero no mucho más alto, y sin embargo ella lo sobraba, parecía como cernida sobre él (su risa, de repente, un látigo de plumas), aplastándolo con sólo estar ahí, sonreír, pasear una mano por el aire. ¿Por qué esperar más? Con un diafragma dieciséis, con un encuadre donde no entrara el horrible auto negro, pero sí ese árbol, necesario para quebrar un espacio demasiado gris...

Levanté la cámara, fingí estudiar un enfoque que no los incluía, y me quedé al acecho, seguro de que atraparía por fin el gesto revelador, la expresión que todo lo resume, la vida que el movimiento acompasa pero que una imagen rígida destruye al seccionar el tiempo, si no elegimos la imperceptible fracción esencial.[62] No tuve que esperar mucho. La mujer avanzaba en su tarea de maniatar suavemente al chico, de quitarle fibra a fibra sus últimos restos de libertad, en una lentísima tortura deliciosa. Imaginé los finales posibles (ahora asoma una pequeña nube espumosa, casi sola en el cielo), preví la llegada a la casa (un piso bajo probablemente, que ella saturaría de almohadones y de gatos) y sospeché el azoramiento del chico y su decisión desesperada de disimularlo y de dejarse llevar fingiendo que nada le era nuevo.

[61] *That miserable cage deprived of the beauty that movement and danger give it.*
[62] *The life that movement expresses in its rhythm, but that a fixed image destroys because it divides time into sections – unless we choose the imperceptible fraction that reveals its essence* (i.e. unless we select the appropriate fleeting moment).

Cerrando los ojos, si es que los cerré, puse en orden la escena, los besos burlones, la mujer rechazando con dulzura las manos que pretendían desnudarla como en las novelas, en una cama que tendría un edredón lila y obligándolo en cambio a dejarse quitar la ropa, verdaderamente madre e hijo bajo una luz amarilla de opalinas, y todo acabaría como siempre, quizá, pero quizá todo fuera de otro modo,[E10] y la iniciación del adolescente no pasara, no la dejaran pasar, de un largo proemio donde las torpezas, las caricias exasperantes, la carrera de las manos se resolviera quién sabe en qué, en un placer por separado y solitario, en una petulante negativa mezclada con el arte de fatigar y desconcertar tanta inocencia lastimada. Podía ser así, podía muy bien ser así; aquella mujer no buscaba un amante en el chico, y a la vez se lo adueñaba para un fin imposible de entender si no lo imaginaba como un juego cruel, deseo de desear sin satisfacción, de excitarse para algún otro, alguien que de ninguna manera podía ser ese chico.

Michel es culpable de literatura, de fabricaciones irreales. Nada le gusta más que imaginar excepciones individuos fuera de la especie, monstruos no siempre repugnantes. Pero esa mujer invitaba a la invención dando quizá las claves suficientes para acertar con la verdad. Antes de que se fuera, y ahora que llenaría mi recuerdo durante muchos días, porque soy propenso a la rumia, decidí no perder un momento más.[E11] Metí todo en el visor (con el árbol, el pretil, el sol de las once) y tomé la foto. A tiempo para comprender que los dos se habían dado cuenta y que me estaban mirando, el chico sorprendido y como interrogante, pero ella irritada, resueltamente hostiles su cuerpo y su cara que se sabían robados, ignominiosamente presos en una pequeña imagen química.

Lo podría contar con mucho detalle pero no vale la pena. La mujer habló de que nadie tenía derecho a tomar una foto sin permiso, y exigió que le entregara el rollo de película. Todo esto con una voz seca y clara, de buen acento de París, que iba subiendo de color y de tono a cada frase. Por mi parte se me importaba muy poco darle o no el rollo de película, pero cualquiera que me conozca sabe que las cosas hay que pedírmelas por las buenas. El resultado es que me limité a formular la opinión de que la fotografía no sólo no está prohibida en los lugares públicos, sino que cuenta con el más decidido favor oficial y privado. Y mientras se lo decía gozaba socarronamente de cómo el chico se replegaba, se iba quedando atrás —con sólo no moverse— y de golpe (parecía casi increíble) se volvía y echaba a correr, creyendo el pobre que caminaba y en realidad huyendo a la carrera, pasando al lado del auto, perdiéndose como un hilo de la Virgen en el aire de la mañana.

Pero los hilos de la Virgen se llaman también babas del diablo,[E12] y Michel tuvo que aguantar minuciosas imprecaciones, oírse llamar entrometido e imbécil, mientras se esmeraba deliberadamente en sonreír y declinar, con simples movimientos de cabeza, tanto envío barato.[63] Cuando empezaba a cansarme, oí golpear la portezuela de un auto. El hombre del sombrero gris estaba ahí, mirándonos. Sólo entonces comprendí que jugaba un papel en la comedia.

Empezó a caminar hacia nosotros, llevando en la mano el diario que había pretendido leer. De lo que mejor me acuerdo es de la mueca que le ladeaba la boca, le cubría la cara de arrugas, algo cambiaba de lugar y forma porque la boca le temblaba y la mueca iba de un lado a otro de los labios como una cosa independiente y viva, ajena a la voluntad. Pero todo el resto era fijo, payaso enharinado u hombre sin sangre, con la piel apagada y seca, los ojos metidos en lo hondo y los agujeros de la nariz negros y visibles, más negros que las cejas o el pelo o la corbata negra. Caminaba cautelosamente, como si el pavimento le lastimara los pies; le vi zapatos de charol, de suela tan delgada que debía acusar cada aspereza de la calle. No sé por qué me había bajado del pretil, no sé bien por qué decidí no darles la foto, negarme a esa exigencia en la que adivinaba miedo y cobardía. El payaso y la mujer se consultaban en silencio: hacíamos un perfecto triángulo insoportable, algo que tenía que romperse con un chasquido. Me les reí en la cara y eché a andar, supongo que un poco más despacio que el chico. A la altura de las primeras casas, del lado de la pasarela de hierro, me volví a mirarlos. No se movían, pero el

---

[63]*While deliberately taking great pains to smile and – merely by shaking his head – decline all the cheap package* [of abuse].

hombre había dejado caer el diario, me pareció que la mujer, de espaldas al parapeto, paseaba las manos por la piedra, con el clásico y absurdo gesto del acosado que busca la salida.

Lo que sigue ocurrió aquí, casi ahora mismo, en una habitación de un quinto piso. Pasaron varios días antes de que Michel revelara las fotos del domingo; sus tomas de la Conserjería y de la Sainte-Chapelle eran lo que debían ser. Encontró dos o tres enfoques de prueba ya olvidados, una mala tentativa de atrapar un gato asombrosamente encaramado en el techo de un mingitorio callejero, y también la foto de la mujer rubia y el adolescente. El negativo era tan bueno que preparó una ampliación; la ampliación era tan buena que hizo otra mucho más grande, casi como un afiche. No se le ocurrió (ahora se lo pregunta y se lo pregunta) que sólo las fotos de la Conserjería merecían tanto trabajo. De toda la serie, la instantánea en la punta de la isla era la única que le interesaba; fijó la ampliación en una pared del cuarto, y el primer día estuvo un rato mirándola y acordándose en esa operación comparativa y melancólica del recuerdo frente a la perdida realidad; recuerdo petrificado, como toda foto, donde nada faltaba, ni siquiera y sobre todo la nada, verdadera fijadora de la escena.[64] Estaba la mujer, estaba el chico, rígido el árbol sobre sus cabezas, el cielo tan fijo como las piedras del parapeto, nubes y piedras confundidas en una sola materia inseparable (ahora pasa una con bordes afilados, corre como en una cabeza de tormenta). Los dos primeros días acepté lo que había hecho, desde la foto en sí hasta la ampliación en la pared, y no me pregunté siquiera por qué interrumpía a cada rato la traducción del tratado de José Norberto Allende para reencontrar la cara de la mujer, las manchas oscuras en el pretil. La primera sorpresa fue estúpida; nunca se me había ocurrido pensar que cuando miramos una foto de frente, los ojos repiten exactamente la posición y la visión del objetivo; son esas cosas que se dan por sentadas y que a nadie se le ocurre considerar. Desde mi silla, con la máquina de escribir por delante, miraba la

---

[64]*Where nothing was missing, not even and especially nothingness, the true fixer of the scene.* (Michel is overruling the photographic meaning of *fijadora* – a substance to fix images – in order to impose a metaphysical idea.)

foto ahí a tres metros, y entonces se me ocurrió que me había instalado exactamente en el punto de mira del objetivo. Estaba muy bien así; sin duda era la manera más perfecta de apreciar una foto, aunque la visión en diagonal pudiera tener sus encantos y aun sus descubrimientos. Cada tantos minutos, por ejemplo cuando no encontraba la manera de decir en buen francés lo que José Alberto Allende decía en tan buen español, alzaba los ojos y miraba la foto; a veces me atraía la mujer, a veces el chico, a veces el pavimento donde una hoja seca se había situado admirablemente para valorizar un sector lateral. Entonces descansaba un rato de mi trabajo, y me incluía otra vez con gusto en aquella mañana que empapaba la foto, recordaba irónicamente la imagen colérica de la mujer reclamándome la fotografía, la fuga ridícula y patética del chico, la entrada en escena del hombre de la cara blanca. En el fondo estaba satisfecho de mí mismo; mi partida no había sido demasiado brillante, pues si a los franceses les ha sido dado el don de la pronta respuesta, no veía bien por qué había optado por irme sin una acabada demostración de privilegios, prerrogativas y derechos ciudadanos. Lo importante, lo verdaderamente importante era haber ayudado al chico a escapar a tiempo (esto en caso de que mis teorías fueran exactas, lo que no estaba suficientemente probado, pero la fuga en sí parecía demostrarlo). De puro entrometido le había dado oportunidad de aprovechar al fin su miedo para algo útil;[65] ahora estaría arrepentido, menoscabado, sintiéndose poco hombre. Mejor era eso que la compañía de una mujer capaz de mirar como lo miraban en la isla; Michel es puritano a ratos, cree que no se debe corromper por la fuerza. En el fondo, aquella foto había sido una buena acción.

No por buena acción la miraba entre párrafo y párrafo de mi trabajo. En ese momento no sabía por qué la miraba, por qué había fijado la ampliación en la pared; quizá ocurra así con todos los actos fatales, y sea esa la condición de su cumplimiento.[66] Creo que el temblor casi furtivo de las hojas del árbol no me alarmó, que

[65] *By sheer meddling I had given him the chance to turn his fear into something useful at last.*
[66] *Perhaps this is the case with all events that are doomed to happen, and is a condition of their fulfilment.*

79

seguí una frase empezada y la terminé redonda.[67] Las costumbres son como grandes herbarios, al fin y al cabo una ampliación de ochenta por sesenta se parece a una pantalla donde proyectan cine, donde en la punta de una isla una mujer habla con un chico y un árbol agita unas hojas secas sobre sus cabezas.

Pero las manos ya eran demasiado. Acababa de escribir: *Donc, la seconde clé réside dans la nature intrinsèque des difficultés que les sociétés*[68]— y vi la mano de la mujer que empezaba a cerrarse despacio, dedo por dedo. De mí no quedó nada, una frase en francés que jamás habrá de terminarse, una máquina de escribir que cae al suelo, una silla que chirría y tiembla, una niebla. El chico había agachado la cabeza, como los boxeadores cuando no pueden más y esperan el golpe de desgracia;[69] se había alzado el cuello del sobretodo, parecía más que nunca un prisionero, la perfecta víctima que ayuda a la catástrofe. Ahora la mujer le hablaba al oído, y la mano se abría otra vez para posarse en su mejilla, acariciarla y acariciarla, quemándola sin prisa. El chico estaba menos azorado que receloso, una o dos veces atisbó por sobre el hombro de la mujer y ella seguía hablando, explicando algo que lo hacía mirar a cada momento hacia la zona donde Michel sabía muy bien que estaba el auto con el hombre del sombrero gris, cuidadosamente descartado en la fotografía pero reflejándose en los ojos del chico y (cómo dudarlo ahora) en las palabras de la mujer, en las manos de la mujer, en la presencia vicaria de la mujer. Cuando vi venir al hombre, detenerse cerca de ellos y mirarlos, las manos en los bolsillos y un aire entre hastiado y exigente, patrón que va a silbar a su perro después de los retozos en la plaza, comprendí, si eso era comprender, lo que tenía que pasar, lo que tenía que haber pasado, lo que hubiera tenido que pasar en ese momento, entre esa gente, ahí donde yo había llegado a trastrocar un orden, inocentemente inmiscuido en eso que no había pasado,

[67]*And I rounded it off nicely.*

[68]*Therefore, the second key resides in the intrinsic nature of the difficulties that societies ...*

[69]*Like boxers when they are all in and await the knockout punch.* (*Golpe de desgracia* is an ironical derivation of *golpe de gracia* or *coup de grâce*.)

80

pero que ahora iba a pasar, ahora se iba a cumplir. Y lo que entonces había imaginado era mucho menos horrible que la realidad, esa mujer que no estaba ahí por ella misma, no acariciaba ni proponía ni alentaba para su placer, para llevarse al ángel despeinado y jugar con su terror y su gracia deseosa. El verdadero amo esperaba, sonriendo petulante, seguro ya de la obra; no era el primero que mandaba a una mujer a la vanguardia, a traerle los prisioneros maniatados con flores. El resto sería tan simple, el auto, una casa cualquiera, las bebidas, las láminas excitantes, las lágrimas demasiado tarde, el despertar en el infierno. Y yo no podía hacer nada, esta vez no podía hacer absolutamente nada. Mi fuerza había sido una fotografía, ésa, ahí, donde se vengaban de mí mostrándome sin disimulo lo que iba a suceder. La foto había sido tomada, el tiempo había corrido; estábamos tan lejos unos de otros, la corrupción seguramente consumada. las lágrimas vertidas, y el resto conjetura y tristeza. De pronto el orden se invertía, ellos estaban vivos, moviéndose, decidían y eran decididos, iban a su futuro; y yo desde este lado, prisionero de otro tiempo, de una habitación en un quinto piso, de no saber quiénes eran esa mujer, y ese hombre y ese niño, de ser nada más que la lente de mi cámara, algo rígido, incapaz de intervención. Me tiraban a la cara la burla más horrible, la de decidir frente a mi impotencia, la de que el chico mirara otra vez al payaso enharinado y yo comprendiera que iba a aceptar, que la propuesta contenía dinero o engaño, y que no podía gritarle que huyera, o simplemente facilitarle otra vez el camino con una nueva foto, una pequeña y casi humilde intervención que desbaratara el andamiaje de baba y de perfume. Todo iba a resolverse allí mismo, en ese instante; había como un inmenso silencio que no tenía nada que ver con el silencio físico. Aquello se tendía, se armaba. Creo que grité, que grité terriblemente, y que en ese mismo segundo supe que empezaba a acercarme, diez centímetros, un paso, otro paso, el árbol giraba cadenciosamente sus ramas en primer plano, una mancha del pretil salía del cuadro, la cara de la mujer, vuelta hacia mí como sorprendida iba creciendo, y entonces giré un poco, quiero decir que la cámara giró un poco, y sin perder de vista a la mujer empezó a acercarse al hombre que me miraba con los agujeros negros que tenía en el sitio de los ojos, entre sorprendido y rabioso miraba queriendo clavarme en el aire, y en ese instante alcancé a ver como un gran pájaro fuera de foco que pasaba de un solo vuelo delante de la imagen, y me apoyé en la pared de mi cuarto y fui feliz porque el chico acababa de escaparse, lo veía corriendo, otra vez en foco, huyendo con todo el pelo al viento, aprendiendo por fin a volar sobre la isla, a llegar a la pasarela, a volverse a la ciudad. Por segunda vez se les iba, por segunda vez yo lo ayudaba a escaparse, lo devolvía a su paraíso precario. Jadeando me quedé frente a ellos; no había necesidad de avanzar más, el juego estaba jugado. De la mujer se veía apenas un hombro y algo de pelo, brutalmente cortado por el cuadro de la imagen; pero de frente estaba el hombre, entreabierta la boca donde veía temblar una lengua negra, y levantaba lentamente las manos, acercándolas al primer plano, un instante aún en perfecto foco, y después todo él un bulto que borraba la isla, el árbol, y yo cerré los ojos y no quise mirar más, y me tapé la cara y rompí a llorar como un idiota.

Ahora pasa una gran nube blanca, como todos estos días, todo este tiempo incontable.[E13] Lo que queda por decir es siempre una nube, dos nubes, o largas horas de cielo perfectamente limpio, rectángulo purísimo clavado con alfileres en la pared de mi cuarto. Fue lo que vi al abrir los ojos y secármelos con los dedos: el cielo limpio, y después una nube que entraba por la izquierda, paseaba lentamente su gracia y se perdía por la derecha. Y luego otra, y a veces en cambio todo se pone gris, todo es una enorme nube, y de pronto restallan las salpicaduras de la lluvia, largo rato se ve llover sobre la imagen, como un llanto al revés, y poco a poco el cuadro se aclara, quizá sale el sol, y otra vez entran las nubes, de a dos, de a tres. Y las palomas, a veces, y uno que otro gorrión.

La isla a mediodía

La primera vez que vio la isla, Marini estaba cortésmente inclinado sobre los asientos de la izquierda, ajustando la mesa de plástico antes de instalar la bandeja del almuerzo. La pasajera lo había mirado varias veces mientras él iba y venía con revistas o vasos de whisky; Marini se demoraba ajustando la mesa, preguntándose aburridamente si valdría la pena responder a la mirada insistente de la pasajera, una americana de las muchas,[70] cuando en el óvalo azul de la ventanilla entró el litoral de la isla, la franja dorada de la playa, las colinas que subían hacia la meseta desolada. Corrigiendo la posición defectuosa del vaso de cerveza, Marini sonrió a la pasajera. «Las islas griegas», dijo. «Oh, yes, Greece», repuso la americana con un falso interés. Sonaba brevemente un timbre y el steward se enderezó, sin que la sonrisa profesional se borrara de su boca de labios finos. Empezó a ocuparse de un matrimonio sirio que quería jugo de tomate, pero en la cola del avión se concedió unos segundos para mirar otra vez hacia abajo; la isla era pequeña y solitaria, y el Egeo la rodeaba con un intenso azul que exaltaba la orla de un blanco deslumbrante y como petrificado,[71] que allá abajo sería espuma rompiendo en los arrecifes y las caletas. Marini vio que las playas desiertas corrían hacia el norte y el oeste, lo demás era la montaña entrando a pique en el mar. Una isla rocosa y desierta, aunque la mancha plomiza cerca de la playa del norte podía ser una casa, quizá un grupo de casas primitivas. Empezó a abrir la lata de jugo, y al enderezarse la isla se borró de la ventanilla; no quedó más que el mar, un verde horizonte interminable. Miró su reloj pulsera sin saber por qué; era exactamente mediodía.

A Marini le gustó que lo hubieran destinado a la línea Roma-Teherán, porque el pasaje era menos lúgubre que en las líneas del

---

[70]*An American woman like so many others.*

[71]*A deep blue that threw into relief the dazzling white coastal strip, seemingly motionless.*

norte y las muchachas parecían siempre felices de ir a Oriente o de conocer Italia. Cuatro días después, mientras ayudaba a un niño que había perdido la cuchara y mostraba desconsolado el plato del postre, descubrió otra vez el borde de la isla. Había una diferencia de ocho minutos pero cuando se inclinó sobre una ventanilla de la cola no le quedaron dudas; la isla tenía una forma inconfundible, como una tortuga que sacara apenas las patas del agua. La miró hasta que lo llamaron, esta vez con la seguridad de que la mancha plomiza era un grupo de casas; alcanzó a distinguir el dibujo de unos pocos campos cultivados que llegaban hasta la playa. Durante la escala de Beirut miró el atlas de la stewardess, y se preguntó si la isla no sería Horos. El radiotelegrafista, un francés indiferente, se sorprendió de su interés. «Todas esas islas se parecen, hace dos años que hago la línea y me importan muy poco. Sí, muéstremela la próxima vez.» No era Horos sino Xiros,[72] una de las muchas islas al margen de los circuitos turísticos. «No durará ni cinco años», le dijo la stewardess mientras bebían una copa en Roma. «Apúrate si piensas ir, las hordas estarán allí en cualquier momento, Gengis Cook vela.»[73] Pero Marini siguió pensando en la isla, mirándola cuando se acordaba o había una ventanilla cerca, casi siempre encogiéndose de hombros al final. Nada de eso tenía sentido, volar tres veces por semana a mediodía sobre Xiros era tan irreal como soñar tres veces por semana que volaba a mediodía sobre Xiros. Todo estaba falseado en la visión inútil y recurrente; salvo, quizá, el deseo de repetirla, la consulta al reloj pulsera antes de mediodía, el breve, punzante contacto con la deslumbradora franja blanca al borde de un azul casi negro, y las casas donde los pescadores alzarían apenas los ojos para seguir el paso de esa otra irrealidad.

Ocho o nueve semanas después, cuando le propusieron la línea de Nueva York con todas sus ventajas, Marini se dijo que era la oportunidad de acabar con esa manía inocente y fastidiosa. Tenía en el bolsillo el libro donde un vago geógrafo de nombre levantino

[72]For his imaginary island Cortázar chose a name fairly close in pronunciation to a real one. *Xiros* would be pronounced rather like *giros* in Spanish, and could therefore suggest the sense of changing direction.

[73]Travel agencies are on the look-out for likely holiday spots, which will be taken over by hordes of tourists as if they were Genghis Khan's army.

daba sobre Xiros más detalles que los habituales en las guías. Contestó negativamente, oyéndose como desde lejos, y después de sortear la sorpresa escandalizada de un jefe y dos secretarias se fue a comer a la cantina de la compañía donde lo esperaba Carla. La desconcertada decepción de Carla no lo inquietó; la costa sur de Xiros era inhabitable[74] pero hacia el oeste quedaban huellas de una colonia lidia o quizá cretomicénica, y el profesor Goldmann había encontrado dos piedras talladas con jeroglíficos que los pescadores empleaban como pilotes del pequeño muelle.[75] A Carla le dolía la cabeza y se marchó casi en seguida; los pulpos eran el recurso principal del puñado de habitantes, cada cinco días llegaba un barco para cargar la pesca y dejar algunas provisiones y géneros En la agencia de viajes le dijeron que habría que fletar un barco especial desde Rynos, o quizá se pudiera viajar en la falúa que recogía los pulpos, pero esto último sólo lo sabría Marini en Rynos donde la agencia no tenía corresponsal. De todas maneras la idea de pasar unos días en la isla no era más que un plan para las vacaciones de junio; en las semanas que siguieron hubo que reemplazar a White en la línea de Túnez, y después empezó una huelga y Carla se volvió a casa de sus hermanas en Palermo. Marini fue a vivir a un hotel cerca de Piazza Navona, donde había librerías de viejo; se entretenía sin muchas ganas en buscar libros sobre Grecia, hojeaba de a ratos un manual de conversacón. Le hizo gracia la palabra *kalimera*[76] y la ensayó en un cabaret con una chica pelirroja, se acostó con ella, supo de su abuelo en Odos y de unos dolores de garganta inexplicables. En Roma empezó a llover, en Beirut lo esperaba siempre Tania, había otras historias, siempre parientes o dolores; un día fue otra vez la línea de Teherán, la isla a mediodía. Marini se quedó tanto tiempo pegado a la ventanilla que la nueva stewardess lo trató de mal compañero y le hizo la cuenta de las bandejas que llevaba servidas.[77] Esa noche Marini invitó a la stewardess a comer en el Firouz y no le costó que le perdonaran la

[74]i.e. *un*inhabitable.

[75]The contrast in cultures (archaeology/innocence) is one underlying issue here, though another is the union of past and present time on the island.

[76]*Good afternoon.*

[77]*She gave him a tally of the trays that she had served.*

85

distracción de la mañana. Lucía le aconsejó que se hiciera cortar el pelo a la americana; él le habló un rato de Xiros, pero después comprendió que ella prefería el vodka-lime del Hilton. El tiempo se iba en cosas así, en infinitas bandejas de comida, cada una con la sonrisa a la que tenía derecho el pasajero. En los viajes de vuelta el avión sobrevolaba Xiros a las ocho de la mañana; el sol daba contra las ventanillas de babor y dejaba apenas entrever la tortuga dorada; Marini prefería esperar los mediodías del vuelo de ida, sabiendo que entonces podía quedarse un largo minuto contra la ventanilla mientras Lucía (y después Felisa) se ocupaba un poco irónicamente del trabajo. Una vez sacó una foto de Xiros pero le salió borrosa; ya sabía algunas cosas de la isla, había subrayado las raras menciones en un par de libros. Felisa le contó que los pilotos lo llamaban el loco de la isla, y no le molestó. Carla acababa de escribirle que había decidido no tener el niño, y Marini le envió dos sueldos y pensó que el resto no le alcanzaría para las vacaciones.[78] Carla aceptó el dinero y le hizo saber por una amiga que probablemente se casaría con el dentista de Treviso. Todo tenía tan poca importancia a mediodía, los lunes y los jueves y los sábados (dos veces por mes, el domingo).

Con el tiempo fue dándose cuenta de que Felisa era la única que lo comprendía un poco; había un acuerdo tácito para que ella se ocupara del pasaje a mediodía, apenas él se instalaba junto a la ventanilla de la cola. La isla era visible unos pocos minutos; pero el aire estaba siempre tan limpio y el mar la recortaba con una crueldad tan minuciosa que los más pequeños detalles se iban ajustando implacables al recuerdo del pasaje anterior: la mancha verde del promontorio del norte, las casas plomizas, las redes secándose en la arena. Cuando faltaban las redes Marini lo sentía como un empobrecimiento, casi un insulto. Pensó en filmar el paso de la isla para repetir la imagen en el hotel, pero prefirió ahorrar el dinero de la cámara ya que apenas le faltaba un mes para las vacaciones. No llevaba demasiado la cuenta de los días; a veces era Tania en Beirut, a veces Felisa en Teherán, casi siempre su

---

[78]*Marini sent her two wage packets and thought that what he had left would not be enough to pay for his holidays.*

hermano menor en Roma, todo un poco borroso, amablemente fácil y cordial y como reemplazando otra cosa, llenando las horas antes o después del vuelo, y en el vuelo todo era también borroso y fácil y estúpido hasta la hora de ir a inclinarse sobre la ventanilla de la cola, sentir el frío cristal como un límite del acuario donde lentamente se movía la tortuga dorada en el espeso azul.

Ese día las redes se dibujaban precisas en la arena, y Marini hubiera jurado que el punto negro a la izquierda, al borde del mar, era un pescador que debía estar mirando el avión. «Kalimera», pensó absurdamente. Ya no tenía sentido esperar más, Mario Merolis le prestaría el dinero que le faltaba para el viaje, en menos de tres días estaría en Xiros. Con los labios pegados al vidrio, sonrió pensando que treparía hasta la mancha verde, que entraría desnudo en el mar de las caletas del norte, que pescaría pulpos con los hombres, entendiéndose por señas y por risas. Nada era difícil una vez decidido, un tren nocturno, un primer barco, otro barco viejo y sucio, la escala en Rynos, la negociación interminable con el capitán de la falúa, la noche en el puente, pegado a las estrellas, el sabor del anís y del carnero, el amanecer entre las islas. Desembarcó con las primeras luces, y el capitán lo presentó a un viejo que debía ser el patriarca.[E14] Klaios le tomó la mano izquierda y habló lentamente, mirándolo en los ojos. Vinieron dos muchachos y Marini entendió que eran los hijos de Klaios. El capitán de la falúa agotaba su inglés: veinte habitantes, pulpos, pesca, cinco casas, italiano visitante pagaría alojamiento Klaios. Los muchachos rieron cuando Klaios discutió dracmas; también Marini, ya amigo de los más jóvenes, mirando salir el sol sobre un mar menos oscuro que desde el aire, una habitación pobre y limpia, un jarro de agua, olor a salvia y a piel curtida.

Lo dejaron solo para irse a cargar la falúa, y después de quitarse a manotazos la ropa de viaje y ponerse un pantalón de baño y unas sandalias, echó a andar por la isla. Aún no se veía a nadie, el sol cobraba lentamente impulso y de los matorrales crecía un olor sutil, un poco ácido, mezclado con el yodo del viento. Debían ser las diez cuando llegó al promontorio del norte y reconoció la mayor de las caletas. Prefería estar solo aunque le hubiera gustado más bañarse en la playa de arena; la isla lo invadía y lo gozaba con una tal intimidad que no era capaz de pensar o de elegir. La piel le quemaba de sol y de viento cuando se desnudó para tirarse al mar desde una roca; el agua estaba fría y le hizo bien, se dejó llevar por corrientes insidiosas hasta la entrada de una gruta, volvió mar afuera, se abandonó de espaldas, lo aceptó todo en un solo acto de conciliación que era también un nombre para el futuro. Supo sin la menor duda que no se iría de la isla, que de alguna manera iba a quedarse para siempre en la isla. Alcanzó a imaginar a su hermano, a Felisa, sus caras cuando supieran que se había quedado a vivir de la pesca en un peñón solitario. Ya los había olvidado cuando giró sobre sí mismo para nadar hacia la orilla.

El sol lo secó en seguida, bajó hacia las casas donde dos mujeres lo miraron asombradas antes de correr a encerrarse. Hizo un saludo en el vacío y bajó hacia las redes. Uno de los hijos de Klaios lo esperaba en la playa, y Marini le señaló el mar, invitándolo. El muchacho vaciló, mostrando sus pantalones de tela y su camisa roja. Después fue corriendo hacia una de las casas, y volvió casi desnudo; se tiraron juntos a un mar ya tibio, deslumbrante bajo el sol de las once.

Secándose en la arena, Ionas empezó a nombrar las cosas. «Kalimera», dijo Marini, y el muchacho rió hasta doblarse en dos. Después Marini repitió las frases nuevas, enseñó palabras italianas a Ionas. Casi en el horizonte, la falúa se iba empequeñeciendo; Marini sintió que ahora estaba realmente solo en la isla con Klaios y los suyos. Dejaría pasar unos días, pagaría su habitación y aprendería a pescar; alguna tarde, cuando ya lo conocieran bien, les hablaría de quedarse y de trabajar con ellos. Levantándose, tendió la mano a Ionas y echó a andar lentamente hacia la colina. La cuesta era escarpada y trepó saboreando cada alto, volviéndose una y otra vez para mirar las redes en la playa, las siluetas de las mujeres que hablaban animadamente con Ionas y con Klaios y lo miraban de reojo, riendo. Cuando llegó a la mancha verde entró en un mundo donde el olor del tomillo y de la salvia era una misma materia con el fuego del sol y la brisa del mar. Marini miró su reloj pulsera y después, con un gesto de impaciencia, lo arrancó de la muñeca y lo guardó en el bolsillo del pantalón de baño. No sería fácil matar al hombre viejo, pero allí en lo alto, tenso de sol y de espacio, sintió que la empresa era posible. Estaba en Xiros, estaba allí donde tantas veces había dudado que pudiera llegar alguna vez. Se dejó caer de espaldas entre las piedras calientes, resistió sus aristas y sus lomos encendidos, y miró verticalmente el cielo; lejanamente le llegó el zumbido de un motor.

Cerrando los ojos se dijo que no miraría el avión, que no se dejaría contaminar por lo peor de sí mismo que una vez más iba a pasar sobre la isla. Pero en la penumbra de los párpados imaginó a Felisa con las bandejas, en ese mismo instante distribuyendo las bandejas, y su reemplazante, tal vez Giorgio o alguno nuevo de otra línea, alguien que también estaría sonriendo mientras alcanzaba las botellas de vino o el café. Incapaz de luchar contra tanto pasado abrió los ojos y se enderezó, y en el mismo momento vio el ala derecha del avión, casi sobre su cabeza, inclinándose inexplicablemente, el cambio de sonido de las turbinas, la caída casi vertical sobre el mar. Bajó a toda carrera por la colina, golpeándose en las rocas y desgarrándose un brazo entre las espinas. La isla le ocultaba el lugar de la caída, pero torció antes de llegar a la playa y por un atajo previsible franqueó la primera estribación de la colina y salió a la playa más pequeña. La cola del avión se hundía a unos cien metros, en un silencio total. Marini tomó impulso y se lanzó al agua, esperando todavía que el avión volviera a flotar; pero no se veía más que la blanda línea de las olas, una caja de cartón oscilando absurdamente cerca del lugar de la caída, y casi al final, cuando ya no tenía sentido seguir nadando, una mano fuera del agua, apenas un instante, el tiempo para que Marini cambiara de rumbo y se zambullera hasta atrapar por el pelo al hombre que luchó por aferrarse a él y tragó roncamente el aire que Marini le dejaba respirar sin acercarse demasiado. Remolcándolo poco a poco lo trajo hasta la orilla, tomó en brazos el cuerpo vestido de blanco, y tendiéndolo en la arena miró la cara llena de espuma donde la muerte estaba ya instalada, sangrando por una enorme herida en la garganta. De qué podía servir la respiración artificial si con cada convulsión la herida parecía abrirse un poco más y era como una boca repugnante que llamaba a Marini, lo arrancaba a su pequeña felicidad de tan pocas horas en la isla, le gritaba entre borbotones algo que él ya no era capaz de oír. A toda carrera venían los hijos de Klaios y más atrás las mujeres. Cuando llegó Klaios, los muchachos rodeaban el cuerpo tendido en la arena, sin comprender cómo había tenido fuerzas para nadar a la orilla y arrastrarse desangrándose hasta ahí. «Ciérrale los ojos», pidió llorando una de las mujeres. Klaios miró hacia el mar, buscando algún otro sobreviviente. Pero como siempre estaban solos en la isla, y el cadáver de ojos abiertos era lo único nuevo entre ellos y el mar.[E15]

Recortes de prensa

Aunque no creo necesario decirlo, el primer
recorte es real y el segundo imaginario.

El escultor vive en la calle Riquet, lo que no me parece una idea
acertada pero en París no se puede elegir demasiado cuando se es
argentino y escultor, dos maneras habituales de vivir difícilmente
en esta ciudad. En realidad nos conocemos mal, desde pedazos de
tiempo que abarcan ya veinte años; cuando me telefoneó para
hablarme de un libro con reproducciones de sus trabajos más
recientes y pedirme un texto que pudiera acompañarlas, le dije lo
que siempre conviene decir en estos casos, o sea que él me
mostraría sus esculturas y después veríamos, o más bien veríamos
y después.

Fui por la noche a su departamento y al principio hubo café y
finteos amables, los dos sentíamos lo que inevitablemente se siente
cuando alguien le muestra su obra a otro y sobreviene ese momento
casi siempre temible en que las hogueras se encenderán o habrá
que admitir, tapándolo con palabras, que la leña estaba mojada y
daba más humo que calor. Ya antes, por teléfono, él me había
comentado sus trabajos, una serie de pequeñas esculturas cuyo
tema era la violencia en todas las latitudes políticas y geográficas
que abarca el hombre como lobo del hombre.[79] Algo sabíamos de
eso, una vez más dos argentinos dejando subir la marea de los
recuerdos, la cotidiana acumulación del espanto a través de cables,
cartas, repentinos silencios. Mientras hablábamos, él iba
despejando una mesa; me instaló en un sillón propicio y empezó a
traer las esculturas, las ponía bajo una luz bien pensada, me dejaba
mirarlas despacio y después las hacía girar poco a poco; casi no
hablábamos ahora, ellas tenían la palabra y esa palabra seguía

---

[79]*Violence perpetrated by the bestial side of humanity throughout the whole gamut*
of mankind's political activity and geographical location.

siendo la nuestra. Una tras otra hasta completar una decena o algo así, pequeñas y filiformes, arcillosas o enyesadas, naciendo de alambres o de botellas pacientemente envueltas por el trabajo de los dedos y la espátula, creciendo desde latas vacías y objetos que sólo la confidencia del escultor me dejaba conocer por debajo de cuerpos y cabezas, de brazos y de manos. Era tarde en la noche, de la calle llegaba apenas un ruido de camiones pesados, una sirena de ambulancia.

Me gustó que en el trabajo del escultor no hubiera nada de sistemático o demasiado explicativo, que cada pieza contuviera algo de enigma y que a veces fuera necesario mirar largamente para comprender la modalidad que en ella asumía la violencia; las esculturas me parecieron al mismo tiempo ingenuas y sutiles, en todo caso sin tremendismo ni extorsión sentimental.[80] Incluso la tortura, esa forma última en que la violencia se cumple en el horror de la inmovilidad y el aislamiento, no había sido mostrada con la dudosa minucia de tantos afiches y textos y películas que volvían a mi memoria también dudosa, también demasiado pronta a guardar imágenes y devolverlas para vaya a saber qué oscura complacencia.[81] Pensé que si escribía el texto que me había pedido el escultor, si escribo el texto que me pedís, le dije, será un texto como esas piezas, jamás me dejaré llevar por la facilidad que demasiado abunda en este terreno.

—Eso es cosa tuya, Noemí —me dijo—. Yo sé que no es fácil, llevamos tanta sangre en los recuerdos que a veces uno se siente culpable de ponerle límites, de manearlo para que no nos inunde del todo.

—A quién se lo decís.[82] Mirá este recorte, yo conozco a la mujer que lo firma, y estaba enterada de algunas cosas por informes de amigos. Pasó hace tres años como pudo pasar anoche o como puede estar pasando en este mismo momento en Buenos Aires o en Montevideo. Justamente antes de salir para tu casa abrí la carta de

[80]*Without resorting to the effects of shocking realism or sentimentality.*
[81]*Even torture ... had not been shown with the dubious minute details of the many posters, texts and films that I recalled with a memory that was also dubious, also too ready to retain images and throw them back for some obscure indulgence or other.*
[82]*And you're telling ME?*

un amigo y encontré el recorte. Dame otro café mientras lo leés, en realidad no es necesario que lo leas después de lo que me mostraste, pero no sé, me sentiré mejor si también vos lo leés.

Lo que él leyó era esto:

La que suscribe, Laura Beatriz Bonaparte Bruschtein, domiciliada en Atoyac número 26, distrito 10, Colonia Cuauhtémoc, México 5, D.F., desea comunicar a la opinión pública el siguiente testimonio:

1. Aída Leonora Bruschtein Bonaparte, nacida el 21 de mayo de 1951 en Buenos Aires, Argentina, de profesión maestra alfabetizadora.

Hecho: A las diez de la mañana del 24 de diciembre de 1975 fue secuestrada por personal del Ejército argentino (Batallón 601) en su puesto de trabajo, en Villa Miseria Monte Chingolo, cercana a la Capital Federal.

El día precedente ese lugar había sido escenario de una batalla, que había dejado un saldo de más de cien muertos, incluidas personas del lugar. Mi hija, después de secuestrada, fue llevada a la guarnición militar Batallón 601.

Allí fue brutalmente torturada, al igual que otras mujeres. Las que sobrevivieron fueron fusiladas esa misma noche de Navidad. Entre ellas estaba mi hija.

La sepultura de los muertos en combate y de los civiles secuestrados, como es el caso de mi hija, demoró alrededor de cinco días. Todos los cuerpos, incluido el de ella, fueron trasladados con palas mecánicas desde el batallón a la comisaría de Lanús, de allí al cementerio de Avellaneda, donde fueron enterrados en una fosa común.[E16]

Yo seguía mirando la última escultura que había quedado sobre la mesa, me negaba a fijar los ojos en el escultor que leía en silencio. Por primera vez escuché un tictac de reloj de pared, venía del vestíbulo y era lo único audible en ese momento en que la calle se iba quedando más y más desierta; el leve sonido me llegaba como un metrónomo de la noche, una tentativa de mantener vivo el tiempo dentro de ese agujero en que estábamos como metidos los dos, esa duración que abarcaba una pieza de París y un barrio miserable de Buenos Aires, que abolía los calendarios y nos dejaba cara a cara frente a eso, frente a lo que solamente podíamos llamar eso, todas las calificaciones gastadas, todos los gestos del horror cansados y sucios.

—*Las que sobrevivieron fueron fusiladas esa misma noche de Navidad*—leyó en voz alta el escultor—. A lo mejor les dieron pan dulce y sidra, acordate de que en Auschwitz repartían caramelos a los niños antes de hacerlos entrar en las cámaras de gas.

Debió ver cualquier cosa en mi cara, hizo un gesto de disculpa y yo bajé los ojos y busqué otro cigarrillo.

Supe oficialmente del asesinato de mi hija en el juzgado número 8 de la ciudad de La Plata, el día 8 de enero de 1976. Luego fui derivada a la comisaría de Lanús, donde después de tres horas de interrogatorio se me dio el lugar donde estaba situada la fosa. De mi hija sólo me ofrecieron ver las manos cortadas de su cuerpo y puestas en un frasco, que lleva el número 24. Lo que quedaba de su cuerpo no podía ser entregado, porque era secreto militar. Al día siguiente fui al cementerio de Avellaneda, buscando el tablón número 28. El comisario me había dicho que allí encontraría «lo que quedaba de ella, porque no podían llamarse cuerpos los que les habían sido entregados». La fosa era un espacio de tierra recién removido, de cinco metros por cinco, más o menos al fondo del cementerio. Yo sé ubicar la fosa. Fue terrible darme cuenta de qué manera habían sido asesinadas y sepultadas más de cien personas, entre las que estaba mi hija.

2. Frente a esta situación infame y de tan indescriptible crueldad, en enero de 1976, yo, domiciliada en la calle Lavalle, 730, quinto piso, distrito nueve, en la Capital Federal, entablo al Ejército argentino un juicio por asesinato. Lo hago en el mismo tribunal de La Plata, el número 8, juzgado civil.

—Ya ves, todo esto no sirve de nada —dijo el escultor, barriendo el aire con un brazo tendido—. No sirve de nada, Noemí, yo me paso meses haciendo estas mierdas, vos escribís libros, esa mujer denuncia atrocidades, vamos a congresos y a mesas redondas para protestar, casi llegamos a creer que las cosas están cambiando, y entonces te bastan dos minutos de lectura para comprender de nuevo la verdad, para...

—Sh, yo también pienso cosas así en el momento —le dije con la rabia de tener que decirlo—. Pero si las aceptara sería como mandarles a ellos un telegrama de adhesión, y además lo sabés muy bien, mañana te levantarás y al rato estarás modelando otra escultura y sabrás que yo estoy delante de mi máquina y pensarás que somos muchos aunque seamos tan pocos, y que la disparidad de fuerza no es ni será nunca una razón para callarse. Fin del sermón. ¿Acabaste de leer? Tengo que irme, che.[83]

Hizo un gesto negativo, mostró la cafetera.

Consecuentemente a este recurso legal mío, se sucedieron los siguientes hechos:

[83]Che is a mild interjection, often used in Argentina as the equivalent of 'hey!', 'I say!', or 'oh dear!', but sometimes superfluous.

3. En marzo de 1976, Adrián Saidón, argentino de veinticuauro años, empleado, prometido de mi hija, fue asesinado en una calle de la ciudad de Buenos Aires por la policía, que avisó a su padre.

Su cuerpo no fue restituido a su padre, doctor Abraham Saidón, porque era secreto militar.

4. Santiago Bruschtein, argentino, nacido el 25 de diciembre de 1918, padre de mi hija asesinada, mencionada en primer lugar, de profesión doctor en bioquímica, con laboratorio en la ciudad de Morón.

Hecho: el 11 de junio de 1976, a las 12 de mediodía, llegan a su departamento de la calle Lavalle, 730, quinto piso, departamento 9, un grupo de militares vestidos de civil. Mi marido, asistido por una enfermera, se encontraba en su lecho casi moribundo, a causa de un infarto, y con un pronóstico de tres meses de vida. Los militares le preguntaron por mí y por nuestros hijos, y agregaron que: «*Cómo un judío hijo de puta puede atreverse a abrir una causa por asesinato al Ejército argentino.*»[84] Luego le obligaron a levantarse, y *golpeándolo* lo subieron a un automóvil, sin permitirle llevarse sus medicinas.

Testimonios oculares han afirmado que para la detención el Ejército y la policía usaron alrededor de veinte coches. De él no hemos sabido nunca nada más. Por informaciones no oficiales, nos hemos enterado que falleció súbitamente en los comienzos de la tortura.

—Y yo estoy aquí a miles de kilómetros discutiendo con un editor qué clase de papel tendrán que llevar las fotos de las esculturas, el formato y la tapa.

—Bah, querido, en estos días yo estoy escribiendo un cuento donde se habla nada menos que de los problemas psi-co-ló-gi-cos de una chica en el momento de la pubertad. No empieces a autotorturarte, ya basta con la verdadera, creo.

—Lo sé, Noemí, lo sé, carajo. Pero siempre es igual, siempre tenemos que reconocer que todo eso sucedió en otro espacio, sucedió en otro tiempo. Nunca estuvimos ni estarémos allí, donde acaso...

(Me acordé de algo leído de chica, quizá en Augustin Thierry, un relato de cuando un santo que vaya a saber cómo se llamaba convirtió al cristianismo a Clodoveo y a su nación, de ese momento en que le estaba describiendo a Clodoveo el flagelamiento y la crucifixión de Jesús, y el rey se alzó en su trono blandiendo su lanza y gritando: «¡Ah, si yo hubiera estado ahí con mis francos!»,

[84]*How come a damned Jew dares to start legal procedings for murder against the Argentine army?* (Argentine Jews were a group frequently targeted for abuse during this period.)

95

maravilla de un deseo imposible, la misma rabia impotente del escultor perdido en la lectura.)

5. Patricia Villa, argentina, nacida en Buenos Aires en 1952, periodista, trabajaba en la agencia *Inter Press Service,* y es hermana de mi nuera.

Hecho: Lo mismo que su prometido, Eduardo Suárez, también periodista, fueron arrestados en septiembre de 1976 y conducidos presos a Coordinación General, de la policía federal de Buenos Aires. Una semana después del secuestro, se le comunica a su madre, que hizo las gestiones legales pertinentes, que lo lamentaban, que había sido un error. Sus cuerpos no han sido restituidos a sus familiares.

6. Irene Mónica Bruschtein Bonaparte de Ginzberg, de veintidós años, de profesión artista plástica, casada con Mario Ginzberg, maestro mayor de obras, de veinticuatro años.

Hecho: El día 11 de marzo de 1977, a las 6 de la mañana, llegaron al departamento donde vivían fuerzas conjuntas del Ejército y la policía, llevándose a la pareja y dejando a sus hijitos: Victoria, de dos años y seis meses, y Hugo Roberto, de un año y seis meses, abandonados en la puerta del edificio. Inmediatamente hemos presentado recurso de *habeas corpus,* yo, en el consulado de México, y el padre de Mario, mi consuegro, en la Capital Federal. He pedido por mi hija Irene y Mario, denunciando esta horrenda secuencia de hechos a: Naciones Unidas, OEA, Amnesty International, Parlamento Europeo, Cruz Roja, etc.[E17]

No obstante, hasta ahora no he recibido noticias de su lugar de detención. Tengo una firme esperanza de que todavía estén con vida.

Como madre, imposibilitada de volver a Argentina, por la situación de persecución familiar que he descrito, y como los recursos legales han sido anulados, pido a las instituciones y personas que luchan por la defensa de los derechos humanos, a fin de que se inicie el procedimiento necesario para que me restituyan a mi hija Irene y a su marido Mario, y poder así salvaguardar las vidas y la libertad de ellos. Firmado, Laura Beatriz Bonaparte Bruchstein. (De «El País», octubre de 1978, reproducido en «Denuncia», diciembre de 1978.)

El escultor me devolvió el recorte, no dijimos gran cosa porque nos caíamos de sueño, sentí que estaba contento de que yo hubiera aceptado acompañarlo en su libro, sólo entonces me di cuenta de que hasta el final había dudado porque tengo fama de muy ocupada, quizá de egoísta, en todo caso de escritora metida a fondo en lo suyo. Le pregunté si había una parada de taxis cerca y salí a la calle desierta y fría y demasiado ancha para mi gusto en París. Un golpe de viento me obligó a levantarme el cuello del tapado, oía mis pasos taconeando secamente en el silencio, marcando ese ritmo en el que la fatiga y las obsesiones insertan tantas veces una melodía que vuelve y vuelve, o una frase de un poema, sólo me ofrecieron ver sus manos cortadas de su cuerpo y puestas en un frasco,[85] que lleva el número veinticuatro, sólo me ofrecieron ver sus manos cortadas de su cuerpo, reaccioné bruscamente rechazando la marea recurrente, forzándome a respirar hondo, a pensar en mi trabajo del día siguiente; nunca supe por qué había cruzado a la acera de enfrente, sin ninguna necesidad puesto que la calle desembocaba en la plaza de la Chapelle donde tal vez encontraría algún taxi, daba igual seguir por una vereda o la otra, crucé porque sí, porque ni siquiera me quedaban fuerzas para preguntarme por qué cruzaba.

La nena estaba sentada en el escalón de un portal casi perdido entre los otros portales de las casas altas y angostas apenas diferenciables en esa cuadra particularmente oscura. Que a esa hora de la noche y en esa soledad hubiera una nena al borde de un peldaño no me sorprendió tanto como su actitud, una manchita blanquecina con las piernas apretadas y las manos tapándole la cara, algo que también hubiera podido ser un perro o un cajón de basura abandonado a la entrada de la casa. Miré vagamente en torno; un camión se alejaba con sus débiles luces amarillas, en la acera de enfrente un hombre caminaba encorvado, la cabeza hundida en el cuello alzado del sobretodo y las manos en los bolsillos. Me detuve, miré de cerca; la nena tenía unas trencitas ralas, una pollera blanca y una tricota rosa, y cuando apartó las manos de la cara le vi los ojos y las mejillas y ni siquiera la semioscuridad podía borrar las lágrimas, el brillo bajándole hasta la boca.

—¿Qué te pasa? ¿Qué haces ahí?

La sentí aspirar fuerte, tragarse lágrimas y mocos, un hipo o un puchero, le vi la cara de lleno alzada hasta mí, la nariz minúscula y roja, la curva de una boca que temblaba. Repetí las preguntas, vaya a saber qué le dije agachándome hasta sentirla muy cerca.

—Mi mamá —dijo la nena, hablando entre jadeos—. Mi papá le hace cosas a mi mamá.

Tal vez iba a decir más pero sus brazos se tendieron y la sentí

---

[85]The syntax is disrupted here to suggest the intervention of obsessions derived from the reading of the newspaper report.

pegarse a mí, llorar desesperadamente contra mi cuello; olía a sucio, a bombacha mojada. Quise tomarla en brazos mientras me levantaba, pero ella se apartó, mirando hacia la oscuridad del corredor. Me mostraba algo con un dedo, empezó a caminar y la seguí, vislumbrando apenas un arco de piedra y detrás la penumbra, un comienzo de jardín. Silenciosa salió al aire libre, aquello no era un jardín sino más bien un huerto con alambrados bajos que delimitaban zonas sembradas, había bastante luz para ver los almácigos raquíticos, las cañas que sostenían plantas trepadoras, pedazos de trapos como espantapájaros; hacia el centro se divisaba un pabellón bajo remendado con chapas de zinc y latas, una ventanilla de la que salía una luz verdosa. No había ninguna lámpara encendida en las ventanas de los inmuebles que rodeaban el huerto, las paredes negras subían cinco pisos hasta mezclarse con un cielo bajo y nublado.

La nena había ido directamente al estrecho paso entre dos canteros que llevaba a la puerta del pabellón; se volvió apenas para asegurarse de que la seguía, y entró en la barraca. Sé que hubiera debido detenerme ahí y dar media vuelta, decirme que esa niña había soñado un mal sueño y se volvía a la cama, todas las razones de la razón que en ese momento me mostraban el absurdo y acaso el riesgo de meterme a esa hora en casa ajena; tal vez todavía me lo estaba diciendo cuando pasé la puerta entornada y vi a la nena que me esperaba en un vago zaguán lleno de trastos y herramientas de jardín. Una raya de luz se filtraba bajo la puerta del fondo, y la nena me la mostró con la mano y franqueó casi corriendo el resto del zaguán, empezó a abrir imperceptiblemente la puerta. A su lado, recibiendo en plena cara el rayo amarillento de la rendija que se ampliaba poco a poco, olí un olor a quemado, oí algo como un alarido ahogado que volvía y volvía y se cortaba y volvía; mi mano dio un empujón a la puerta y abarqué el cuarto infecto, los taburetes rotos y la mesa con botellas de cerveza y vino, los vasos y el mantel de diarios viejos, más allá la cama y el cuerpo desnudo y amordazado con una toalla manchada, las manos y los pies atados a los parantes de hierro. Dándome la espalda, sentado en un banco, el papá de la nena le hacía cosas a la mamá; se tomaba su tiempo, llevaba lentamente el cigarrillo a la boca, dejaba salir poco a poco

98

el humo por la nariz mientras la brasa del cigarrillo bajaba a apoyarse en un seno de la mamá, permanecía el tiempo que duraban los alaridos sofocados por la toalla envolviendo la boca y la cara salvo los ojos. Antes de comprender, de aceptar ser parte de eso, hubo tiempo para que el papá retirara el cigarrillo y se lo llevara nuevamente a la boca, tiempo de avivar la brasa y saborear el excelente tabaco francés, tiempo para que yo viera el cuerpo quemado desde el vientre hasta el cuello, las manchas moradas o rojas que subían desde los muslos y el sexo hasta los senos donde ahora volvía a apoyarse la brasa con una escogida delicadeza, buscando un espacio de la piel sin cicatrices. El alarido y la sacudida del cuerpo en la cama que crujió bajo el espasmo se mezclaron con cosas y con actos que no escogí y que jamás podré explicarme; entre el hombre de espaldas y yo había un taburete desvencijado, lo vi alzarse en el aire y caer de canto sobre la cabeza del papá; su cuerpo y el taburete rodaron por el suelo casi en el mismo segundo. Tuve que echarme hacia atrás para no caer a mi vez, en el movimiento de alzar el taburete y descargarlo había puesto todas mis fuerzas que en el mismo instante me abandonaban, me dejaban sola como un pelele tambaleante; sé que busqué apoyo sin encontrarlo, que miré vagamente hacia atrás y vi la puerta cerrada, la nena ya no estaba ahí y el hombre en el suelo era una mancha confusa, un trapo arrugado. Lo que vino después pude haberlo visto en una película o leído en un libro, yo estaba ahí como sin estar pero estaba con una agilidad y una intencionalidad que en un tiempo brevísimo, si eso pasaba en el tiempo, me llevó a encontrar un cuchillo sobre la mesa, cortar las sogas que ataban a la mujer, arrancarle la toalla de la cara y verla enderezarse en silencio, ahora perfectamente en silencio como si eso fuera necesario y hasta imprescindible, mirar el cuerpo en el suelo que empezaba a contraerse desde una inconsciencia que no iba a durar, mirarme a mí sin palabras, ir hacia el cuerpo y agarrarlo por los brazos mientras yo le sujetaba las piernas y con un doble envión lo tendíamos en la cama, lo atábamos con las mismas cuerdas presurosamente recompuestas y anudadas, lo atábamos y lo amordazábamos dentro de ese silencio donde algo parecía vibrar y temblar en un sonido ultrasónico. Lo que sigue no lo sé, veo a la mujer siempre desnuda, sus manos arrancando pedazos de ropa, desabotonando un pantalón y bajándolo hasta arrugarlo contra los pies, veo sus ojos en los míos, un solo par de ojos desdoblados y cuatro manos arrancando y rompiendo y desnudando,[E18] chaleco y camisa y slip, ahora que tengo que recordarlo y que tengo que escribirlo mi maldita condición y mi dura memoria me traen otra cosa indeciblemente vivida pero no vista, un pasaje de un cuento de Jack London en el que un trampero del norte lucha por ganar una muerte limpia mientras a su lado, vuelto una cosa sanguinolenta que todavía guarda un resto de conciencia, su camarada de aventuras aúlla y se retuerce torturado por las mujeres de la tribu que hacen de él una horrorosa prolongación de vida entre espasmos y alaridos, matándolo sin matarlo, exquisitamente refinadas en cada nueva variante jamás descrita pero ahí, como nosotras ahí jamás descritas y haciendo lo que debíamos, lo que teníamos que hacer.[E19] Inútil preguntarse ahora por qué estaba yo en eso, cuál era mi derecho y mi parte en eso que sucedía bajo mis ojos que sin duda vieron, que sin duda recuerdan como la imaginación de London debió ver y recordar lo que su mano no era capaz de escribir. Sólo sé que la nena no estaba con nosotras desde mi entrada en la pieza, y que ahora la mamá le hacía cosas al papá, pero quién sabe si solamente la mamá o si eran otra vez las ráfagas de la noche, pedazos de imágenes volviendo desde un recorte de diario, las manos cortadas de su cuerpo y puestas en un frasco que lleva el número 24, por informantes no oficiales nos hemos enterado que falleció súbitamente en los comienzos de la tortura, la toalla en la boca, los cigarrillos encendidos, y Victoria, de dos años y seis meses, y Hugo Roberto, de un año y seis meses, abandonados en la puerta del edificio. Cómo saber cuánto duró, cómo entender que también yo, también yo aunque me creyera del buen lado también yo, cómo aceptar que también yo ahí del otro lado[86] de manos cortadas y de fosas comunes, también yo del otro lado de las muchachas torturadas y fusiladas esa misma noche de Navidad,[87] el resto es un dar la espalda, cruzar el huerto golpeándome contra un

[86]c.f. 'Las babas del diablo', p. 81.
[87]The syntax, like the thought process, is faltering and incomplete.

alambrado y abriéndome una rodilla, salir a la calle helada y desierta y llegar a la Chapelle y encontrar casi en seguida el taxi que me trajo a un vaso tras otro de vodka y a un sueño del que me desperté a mediodía, cruzada en la cama y vestida de pies a cabeza, con la rodilla sangrante y ese dolor de cabeza acaso providencial que da la vodka pura cuando pasa del gollete a la garganta.

Trabajé toda la tarde, me parecía inevitable y asombroso ser capaz de concentrarme hasta ese punto; al anochecer llamé por teléfono al escultor que parecía sorprendido por mi temprana reaparición, le conté lo que me había pasado, se lo escupí de un solo tirón que él respetó, aunque por momentos lo oía toser o intentar un comienzo de pregunta.

—De modo que ya ves —le dije—, ya ves que no me ha llevado demasiado tiempo darte lo prometido.

—No entiendo —dijo el escultor—. Si querés decir el texto sobre…

—Sí, quiero decir eso. Acabo de leértelo, ése es el texto. Te lo mandaré apenas lo haya pasado en limpio, no quiero tenerlo más aquí.

Dos o tres días después, vividos en una bruma de pastillas y tragos y discos, cualquier cosa que fuera una barricada, salí a la calle para comprar provisiones, la heladera estaba vacía y Mimosa maullaba al pie de mi cama. Encontré una carta en el buzón, la gruesa escritura del escultor en el sobre. Había una hoja de papel y un recorte de diario, empecé a leer mientras caminaba hacia el mercado y sólo después me di cuenta de que al abrir el sobre había desgarrado y perdido una parte del recorte. El escultor me agradecía el texto para su álbum, insólito pero al parecer muy mío, fuera de todas las costumbres usuales en los álbumes artísticos aunque eso no le importaba como sin duda no me había importado a mí. Había una posdata: «En vos se ha perdido una gran actriz dramática, aunque por suerte se salvó una excelente escritora. La otra tarde creí por un momento que me estabas contando algo que te había pasado de veras, después por casualidad leí *France-Soir* del que me permito recortarte la fuente de tu notable experiencia personal. Es cierto que un escritor puede argumentar que si su inspiración le viene de la realidad, e incluso de las noticias de policía, lo que él es capaz de hacer con eso lo potencia a otra dimensión,[88] le da un valor diferente. De todas maneras, querida Noemí, somos demasiado amigos como para que te haya parecido necesario condicionarme por adelantado a tu texto y desplegar tus talentos dramáticos en el teléfono. Pero dejémoslo así, ya sabés cuánto te agradezco tu cooperación y me siento muy feliz de...»

Miré el recorte y vi que lo había roto inadvertidamente, el sobre y el pedazo pegado a él estarían tirados en cualquier parte. La noticia era digna de *France-Soir* [89] y de su estilo: drama atroz en un suburbio de Marsella,[90] descubrimiento macabro de un crimen sádico, ex plomero atado y amordazado en un camastro, el cadáver etcétera, vecinos furtivamente al tanto de repetidas escenas de violencia, hija pequeña ausente desde días atrás, vecinos sospechando abandono, policía busca concubina, el horrendo espectáculo que se ofreció a los, el recorte se interrumpía ahí, al fin y al cabo al mojar demasiado el cierre del sobre el escultor había hecho lo mismo que Jack London, lo mismo que Jack London y que mi memoria; pero la foto del pabellón estaba entera y era el pabellón en el huerto, los alambrados y las chapas de zinc, las altas paredes rodeándolo con sus ojos ciegos, vecinos furtivamente al tanto, vecinos sospechando abandono, todo ahí golpeándome la cara entre los pedazos de la noticia.

Tomé un taxi y me bajé en la calle Riquet, sabiendo que era una estupidez y haciéndolo porque así se hacen las estupideces. En pleno día eso no tenía nada que ver con mi recuerdo y aunque caminé mirando cada casa y crucé la acera opuesta como recordaba haberlo hecho, no reconocí ningún portal que se pareciera al de esa noche, la luz caía sobre las cosas como una infinita máscara, portales pero no como el portal, ningún acceso a un huerto interior, sencillamente porque ese huerto estaba en los suburbios de Marsella. Pero la nena sí estaba, sentada en el escalón de una entrada cualquiera jugaba con una muñeca de trapo. Cuando le

[88]*What he is able to do with that raises it to another level.*

[89]*France-Soir* is a national daily newspaper based in Paris. In the late 1970s it was noted for its high-profile coverage of news items of popular appeal.

[90]By locating this fictitious news item at the opposite end of France Cortázar emphasises the impossibility of Noemí's physical involvement.

hablé se escapó corriendo hasta la primera puerta, una portera vino antes de que yo pudiera llamar. Quiso saber si era una asistenta social, seguro que venía por la nena que ella había encontrado perdida en la calle, esa misma mañana habían estado unos señores para identificarla, una asistenta social vendría a buscarla. Aunque ya lo sabía, antes de irme pregunté por su apellido, después me metí en un café y al dorso de la carta del escultor le escribí el final del texto y fui a pasarlo por debajo de su puerta, era justo que conociera el final, que el texto quedara completo para acompañar sus esculturas.

Queremos tanto a Glenda

En aquel entonces[91] era difícil saberlo. Uno va al cine o al teatro y vive su noche sin pensar en los que ya han cumplido la misma ceremonia, eligiendo el lugar y la hora, vistiéndose y telefoneando y fila once o cinco, la sombra y la música, la tierra de nadie y de todos allí donde todos son nadie, el hombre o la mujer en su butaca, acaso una palabra para excusarse por llegar tarde, un comentario a media voz que alguien recoge o ignora, casi siempre el silencio, las miradas vertiéndose en la escena o la pantalla, huyendo de lo contiguo, de lo de este lado. Realmente era difícil saber por encima de la publicidad, de las colas interminables, de los carteles y las críticas, que éramos tantos los que queríamos a Glenda.

Llevó tres o cuatro años y sería aventurado afirmar que el núcleo se formó a partir de Irazusta o de Diana Rivero, ellos mismos ignoraban cómo en algún momento, en las copas con los amigos después del cine, se dijeron o se callaron cosas que bruscamente habrían de crear la alianza, lo que después todos llamamos el núcleo y los más jóvenes el club. De club no tenía nada, simplemente queríamos a Glenda Garson[92] y eso bastaba para recortarnos de los que solamente la admiraban. Al igual que ellos también nosotros admirábamos a Glenda y además a Anouk, a Marilina, a Annie, a Silvana y por qué no a Marcello, a Yves, a Vittorio y a Dirk,[93] pero solamente nosotros queríamos tanto a Glenda, y el núcleo se definió por eso y desde eso, era algo que sólo nosotros sabíamos y confiábamos a aquellos que a lo largo de las

[91]The biblical echo is not coincidental. The gospels of St Matthew (chapter 3, verses 1 and 13) and St Luke (chapter 2, verse 1) use similar expressions when the writers introduce the beginning of John the Baptist's preaching and the birth and baptism of Jesus Christ.

[92]A combination of Glenda Jackson and Greer Garson? (See also Cortázar's admission in 'Botella al mar'.)

[93]All these Christian names may be attributed to actual film stars of the 1950s and 1960s.

104

charlas habían ido mostrando poco a poco que también querían a Glenda.

A partir de Diana o Irazusta el núcleo se fue dilatando lentamente, el año de *El fuego de la nieve*[E20] debíamos ser apenas seis o siete, cuando estrenaron *El uso de la elegancia* el núcleo se amplió y sentimos que crecía casi insoportablemente y que estábamos amenazados de imitación snob o de sentimentalismo estacional. Los primeros, Irazusta y Diana y dos o tres más decidimos cerrar filas, no admitir sin pruebas, sin el examen disimulado por los whiskys y los alardes de erudición (tan de Buenos Aires, tan de Londres y de México esos exámenes de medianoche). A la hora del estreno de *Los frágiles retornos* nos fue preciso admitir, melancólicamente triunfantes, que éramos muchos los que queríamos a Glenda. Los reencuentros en los cines, las miradas a la salida, ese aire como perdido de las mujeres y el dolido silencio de los hombres nos mostraban mejor que una insignia o un santo y seña. Mecánicas no investigables nos llevaron a un mismo café del centro, las mesas aisladas empezaron a acercarse, hubo la grácil costumbre de pedir el mismo cóctel para dejar de lado toda escaramuza inútil y mirarnos por fin en los ojos, allí donde todavía alentaba la última imagen de Glenda en la última escena de la última película.

Veinte, acaso treinta, nunca supimos cuántos llegamos a ser porque a veces Glenda duraba meses en una sala o estaba al mismo tiempo en dos o cuatro, y hubo además ese momento excepcional en que apareció en escena para representar a la joven asesina de *Los delirantes* y su éxito rompió los diques y creó entusiasmos momentáneos que jamás aceptamos. Ya para entonces nos conocíamos, muchos nos visitábamos para hablar de Glenda. Desde un principio Irazusta parecía ejercer un mandato tácito que nunca había reclamado, y Diana Rivero jugaba su lento ajedrez de confirmaciones y rechazos que nos aseguraba una autenticidad total sin riesgos de infiltrados o de tilingos. Lo que había empezado como asociación libre alcanzaba ahora una estructura de clan, y a las livianas interrogaciones del principio se sucedían las preguntas concretas, la secuencia del tropezón en *El uso le la elegancia,* la réplica final de *El fuego le la nieve,* la segunda escena erótica de *Los frágiles retornos*. Queríamos tanto a Glenda que no podíamos tolerar a los advenedizos, a las tumultuosas lesbianas, a los eruditos de la estética. Incluso (nunca sabremos cómo) se dio por sentado que iríamos al café los viernes cuando en el centro pasaran una película de Glenda, y que en los reestrenos en cines de barrio dejaríamos correr una semana antes de reunirnos, para darles a todos el tiempo necesario; como en un reglamento riguroso, las obligaciones se definían sin equívoco, no acatarlas hubiera sido provocar la sonrisa despectiva de Irazusta o esa mirada amablemente horrible con que Diana Rivero denunciaba la traición y el castigo.

En ese entonces las reuniones eran solamente Glenda, su deslumbrante ubicuidad en cada uno de nosotros, y no sabíamos de discrepancias o reparos. Sólo poco a poco, al principio con un sentimiento de culpa, algunos se atrevieron a deslizar críticas parciales, el desconcierto o la decepción frente a una secuencia menos feliz, las caídas en lo convencional o lo previsible. Sabíamos que Glenda no era responsable de los desfallecimientos que enturbiaban por momentos la espléndida cristalería de *El látigo* o el final de *Nunca se sabe por qué*. Conocíamos otros trabajos de sus directores, el origen de las tramas y los guiones, con ellos éramos implacables porque empezábamos a sentir que nuestro cariño por Glenda iba más allá del mero territorio artístico y que sólo ella se salvaba de lo que imperfectamente hacían los demás. Diana fue la primera en hablar de misión, lo hizo con su manera tangencial de no afirmar lo que de veras contaba para ella, y le vimos una alegría de whisky doble, de sonrisa saciada, cuando admitimos llanamente que era cierto, que no podíamos quedarnos solamente en eso, el cine y el café y quererla tanto a Glenda.

Tampoco entonces se dijeron palabras claras, no nos eran necesarias. Sólo contaba la felicidad de Glenda en cada uno de nosotros, y esa felicidad sólo podía venir de la perfección. De golpe los errores, las carencias se nos volvieron insoportables; no podíamos aceptar que *Nunca se sabe por qué* terminara así, o que *El fuego de la nieve* incluyera la infame secuencia de la partida de póker (en la que Glenda no actuaba pero que de alguna manera la

106

manchaba como un vómito, ese gesto de Nancy Phillips y la llegada inadmisible del hijo arrepentido). Como casi siempre, a Irazusta le tocó definir por lo claro la misión que nos esperaba, y esa noche volvimos a nuestras casas como aplastados por la responsabilidad que acabábamos de reconocer y asumir, y a la vez entreviendo la felicidad de un futuro sin tacha, de Glenda sin torpezas ni traiciones.

Instintivamente el núcleo cerró filas, la tarea no admitía una pluralidad borrosa. Irazusta habló del laboratorio cuando ya estaba instalado en una quinta de Recife de Lobos. Dividimos ecuánimemente las tareas entre los que deberían procurarse la totalidad de las copias de *Los frágiles retornos,* elegida por su relativamente escasa imperfección. A nadie se le hubiera ocurrido plantearse problemas de dinero, Irazusta había sido socio de Howard Hughes[94] en el negocio de las minas de estaño de Pichincha, un mecanismo extremadamente simple nos ponía en las manos el poder necesario, los jets y las alianzas y las coimas. Ni siquiera tuvimos una oficina, la computadora de Hagar Loss programó las tareas y las etapas. Dos meses después de la frase de Diana Rivero el laboratorio estuvo en condiciones de sustituir en *Los frágiles retornos* la secuencia ineficaz de los pájaros por otra que devolvía a Glenda el ritmo perfecto y el exacto sentido de su acción dramática. La película tenía ya algunos años y su reposición en los circuitos internacionales no provocó la menor sorpresa: la memoria juega con sus depositarios y les hace aceptar sus propias permutaciones y variantes, quizá la misma Glenda no hubiera percibido el cambio y sí, porque eso lo percibimos todos, la maravilla de una perfecta coincidencia con un recuerdo lavado de escorias, exactamente idéntico al deseo.

La misión se cumplía sin sosiego, apenas asegurada la eficacia del laboratorio completamos el rescate de *El fuego de la nieve* y *El prisma;* las otras películas entraron en proceso con el ritmo exactamente previsto por el personal de Hagar Loss y del labora-

[94]The US manufacturer Howard Hughes (1905–76) may be mentioned here for various reasons: his extreme wealth, his eccentricity (he shunned publicity and moved from place to place secretly), or his involvement in the film industry: he once held a controlling interest in RKO Pictures Corporation.

torio. Tuvimos problemas con *El uso de la elegancia,* porque gente de los emiratos petroleros guardaba copias para su goce personal y fueron necesarias maniobras y concursos excepcionales para robarlas (no tenemos por qué usar otra palabra) y sustituirlas sin que los usuarios lo advirtieran. El laboratorio trabajaba en un nivel de perfección que en un comienzo nos había parecido inalcanzable aunque no nos atreviéramos a decírselo a Irazusta; curiosamente la más dubitativa había sido Diana, pero cuando Irazusta nos mostró *Nunca se sabe por qué* y vimos el verdadero final, vimos a Glenda que en lugar de volver a la casa de Romano enfilaba su auto hacia el farallón y nos destrozaba con su espléndida, necesaria caída en el torrente, supimos que la perfección podía ser de este mundo y que ahora era de Glenda para siempre, de Glenda para nosotros para siempre.

Lo más difícil estaba desde luego en decidir los cambios, los cortes, las modificaciones de montaje y de ritmo, nuestras distintas maneras de sentir a Glenda provocaban duros enfrentamientos que sólo se aplacaban después de largos análisis y en algunos casos por imposición de una mayoría en el núcleo. Pero aunque algunos, derrotados, asistiéramos a la nueva versión con la amargura de que no se adecuara del todo a nuestros sueños, creo que a nadie le decepcionó el trabajo realizado, queríamos tanto a Glenda que los resultados eran siempre justificables, muchas veces más allá de lo previsto. Incluso hubo pocas alarmas, la carta de un lector del infaltable *Times* asombrándose de que tres secuencias de *El fuego de la nieve* se dieran en un orden que creía recordar diferente, y también un artículo del crítico de *La Opinión* que protestaba por un supuesto corte en *El prisma,* imaginándose razones de mojigatería burocrática. En todos los casos se tomaron rápidas disposiciones para evitar posibles secuelas; no costó mucho, la gente es frívola y olvida o acepta o está a la caza de lo nuevo, el mundo del cine es fugitivo como la actualidad histórica, salvo para los que queremos tanto a Glenda.

Más peligrosas en el fondo eran las polémicas en el núcleo, el riesgo de un cisma o de una diáspora. Aunque nos sentíamos más que nunca unidos por la misión, hubo alguna noche en que se alzaron voces analíticas contagiadas de filosofía política, que en pleno trabajo se planteaban problemas morales, se preguntaban si no estaríamos entregándonos a una galería de espejos onanistas, a esculpir insensatamente una locura barroca en un colmillo de marfil o en un grano de arroz. No era fácil darles la espalda porque el núcleo sólo había podido cumplir la obra como un corazón o un avión cumplen la suya, ritmando una coherencia perfecta. No era fácil escuchar una crítica que nos acusaba de escapismo, que sospechaba un derroche de fuerzas desviadas de una realidad más apremiante, más necesitada de concurso en los tiempos que vivíamos. Y sin embargo no fue necesario aplastar secamente una herejía apenas esbozada, incluso sus protagonistas se limitaban a un reparo parcial, ellos y nosotros queríamos tanto a Glenda que por encima y más allá de las discrepancias éticas o históricas imperaba el sentimiento que siempre nos uniría, la certidumbre de que el perfeccionamiento de Glenda nos perfeccionaba y perfeccionaba el mundo. Tuvimos incluso la espléndida recompensa de que uno de los filósofos restableciera el equilibrio después de superar ese período de escrúpulos inanes; de su boca escuchamos que toda obra parcial es también historia, que algo tan inmenso como la invención de la imprenta había nacido del más individual y parcelado de los deseos, el de repetir y perpetuar un nombre de mujer.

Llegamos así al día en que tuvimos las pruebas de que la imagen de Glenda se proyectaba ahora sin la más leve flaqueza; las pantallas del mundo la vertían tal como ella misma — estábamos seguros— hubiera querido ser vertida, y quizá por eso no nos asombró demasiado enterarnos por la prensa de que acababa de anunciar su retiro del cine y del teatro. La involuntaria, maravillosa contribución de Glenda a nuestra obra no podía ser coincidencia ni milagro, simplemente algo en ella había acatado sin saberlo nuestro anónimo cariño, del fondo de su ser venía la única respuesta que podía darnos, el acto de amor que nos abarcaba en una entrega última, ésa que los profanos sólo entenderían como ausencia. Vivimos la felicidad del séptimo día, del descanso después de la creación; ahora podíamos ver cada obra de Glenda sin la agazapada amenaza de un mañana nuevamente plagado de errores y torpezas; ahora nos reuníamos con una liviandad de ángeles o de pájaros, en un presente absoluto que acaso se parecía a la eternidad.

Sí, pero un poeta había dicho bajo los mismos cielos de Glenda que la eternidad está enamorada de las obras del tiempo, y le tocó a Diana saberlo y darnos la noticia un año más tarde. Usual y humano: Glenda anunciaba su retorno a la pantalla, las razones de siempre, la frustración del profesional con las manos vacías, un personaje a la medida, un rodaje inminente. Nadie olvidaría esa noche en el café, justamente después de haber visto *El uso de la elegancia* que volvía a las salas del centro. Casi no fue necesario que Irazusta dijera lo que todos vivíamos como una amarga saliva de injusticia y rebeldía. Queríamos tanto a Glenda que nuestro desánimo no la alcanzaba, qué culpa tenía ella de ser actriz y de ser Glenda, el horror estaba en la máquina rota, en la realidad de cifras y prestigios y Oscares entrando como una fisura solapada en la esfera de nuestro cielo tan duramente ganado. Cuando Diana apoyó la mano en el brazo de Irazusta y dijo: «Sí, es lo único que queda por hacer», hablaba por todos sin necesidad de consultarnos. Nunca el núcleo tuvo una fuerza tan terrible, nunca necesitó menos palabras para ponerla en marcha. Nos separamos deshechos, viviendo ya lo que habría de ocurrir en una fecha que sólo uno de nosotros conocería por adelantado. Estábamos seguros de no volver a encontrarnos en el café, de que cada uno escondería desde ahora la solitaria perfección de nuestro reino. Sabíamos que Irazusta iba a hacer lo necesario, nada más simple para alguien como él. Ni siquiera nos despedimos como de costumbre, con la liviana seguridad de volver a encontrarnos después del cine, alguna noche de *Los frágiles retornos* o de *El látigo*. Fue más bien un darse la espalda, pretextar que era tarde, que había que irse; salimos separados, cada uno llevándose su deseo de olvidar hasta que todo estuviera consumado, y sabiendo que no sería así, que aún nos faltaría abrir alguna mañana el diario y leer la noticia, las estúpidas frases de la consternación profesional. Nunca hablaríamos de eso con nadie, nos evitaríamos cortésmente en las salas y en la calle; sería la única manera de que el núcleo conservara su fidelidad, que guardara en el silencio la obra cumplida. Queríamos tanto a Glenda que le ofreceríamos una última perfección inviolable. En la altura intangible donde la habíamos exaltado, la preservaríamos de la caída, sus fieles podrían seguir adorándola sin mengua; no se baja vivo de una cruz.

Botella al mar

Epílogo a un cuento
Berkeley, California, 29 de septiembre de 1980.[E21]

Querida Glenda, esta carta no le será enviada por las vías ordinarias porque nada entre nosotros puede ser enviado así, entrar en los ritos sociales de los sobres y el correo. Será más bien como si la pusiera en una botella y la dejara caer a las aguas de la bahía de San Francisco en cuyo borde se alza la casa desde donde le escribo; como si la atara al cuello de una de las gaviotas que pasan como latigazos de sombra frente a mi ventana y oscurecen por un instante el teclado de esta máquina. Pero una carta de todos modos dirigida a usted, a Glenda Jackson en alguna parte del mundo que probablemente seguirá siendo Londres; como muchas cartas, como muchos relatos, también hay mensajes que son botellas al mar y entran en esos lentos, prodigiosos *sea-changes* que Shakespeare cinceló en *La tempestad* y que amigos inconsolables inscribirían tanto tiempo después en la lápida bajo la cual duerme el corazón de Percy Bysshe Shelley en el cementerio de Cayo Sextio, en Roma.[E22]

Es así, pienso, que se operan las comunicaciones profundas, lentas botellas errando en lentos mares, tal como lentamente se abrirá camino esta carta que la busca a usted con su verdadero nombre, no ya la Glenda Garson que también era usted pero que el pudor y el cariño cambiaron sin cambiarla, exactamente como usted cambia sin cambiar de una película a otra. Le escribo a esa mujer que respira bajo tantas máscaras, incluso la que yo le inventé para no ofenderla, y le escribo porque también usted se ha comunicado ahora conmigo debajo de mis máscaras de escritor; por eso nos hemos ganado el derecho de hablarnos así, ahora que sin la más mínima posibilidad imaginable acaba de llegarme su

112

respuesta, su propia botella al mar rompiéndose en las rocas de esta bahía para llenarme de una delicia en la que por debajo late algo como el miedo, un miedo que no acalla la delicia, que la vuelve pánica, la sitúa fuera de toda carne y de todo tiempo como usted y yo sin duda lo hemos querido cada uno a su manera.

No es fácil escribirle esto porque usted no sabe nada de Glenda Garson, pero a la vez las cosas ocurren como si yo tuviera que explicarle inútilmente algo que de algún modo es la razón de su respuesta; todo ocurre como en planos diferentes, en una duplicación que vuelve absurdo cualquier procedimiento ordinario de contacto; estamos escribiendo o actuando para terceros, no para nosotros, y por eso esta carta toma la forma de un texto que será leído por terceros y acaso jamás por usted, o tal vez por usted pero sólo en algún lejano día, de la misma manera que su respuesta ya ha sido conocida por terceros mientras que yo acabo de recibirla hace apenas tres días y por un mero azar de viaje. Creo que si las cosas ocurren así, de nada serviría intentar un contacto directo; creo que la única posibilidad de decirle esto es dirigiéndolo una vez más a quienes van a leerlo como literatura, un relato dentro de otro, una coda a algo que parecía destinado a terminar con ese perfecto cierre definitivo que para mí deben tener los buenos relatos.[95] Y si rompo la norma, si a mi manera le estoy escribiendo este mensaje, usted que acaso no lo leerá jamás es la que me está obligando, la que tal vez me está pidiendo que se lo escriba.

Conozca, entonces, lo que no podía conocer y sin embargo conoce. Hace exactamente dos semanas que Guillermo Schavelzon, mi editor en México, me entregó los primeros ejemplares de un libro de cuentos que escribí a lo largo de estos últimos tiempos y que lleva el título de uno de ellos, *Queremos tanto a Glenda*.[96] Cuentos en español, por supuesto, y que sólo serán traducidos a otras lenguas en los años próximos, cuentos que esta semana empiezan apenas a circular en México y que usted no ha podido leer en Londres, donde por lo demás casi no se me lee y

---

[95]Cortázar's communication via 'Botella al mar' was eventually completed by the editor in September 1992.

[96]The first edition of *Queremos tanto a Glenda y otros cuentos* was published in Mexico by Ediciones Nueva Imagen SA.

mucho menos en español.[E23] Tengo que hablarle de uno de ellos sintiendo al mismo tiempo, y en eso reside el ambiguo horror que anda por todo esto, lo inútil de hacerlo porque usted, de una manera que sólo el relato mismo puede insinuar, lo conoce ya; contra todas las razones, contra la razón misma, la respuesta que acabo de recibir me lo prueba y me obliga a hacer lo que estoy haciendo frente al absurdo, si esto es absurdo, Glenda, y yo creo que no lo es aunque ni usted ni yo podamos saber lo que es.

Usted recordará entonces, aunque no puede recordar algo que nunca ha leído, algo cuyas páginas tienen todavía la humedad de la tinta de imprenta, que en ese relato se habla de un grupo de amigos de Buenos Aires que comparten desde una furtiva fraternidad de club el cariño y la admiración que sienten por usted, por esa actriz que el relato llama Glenda Garson pero cuya carrera teatral y cinematográfica está indicada con la claridad suficiente para que cualquiera que lo merezca pueda reconocerla. El relato es muy simple: los amigos quieren tanto a Glenda que no pueden tolerar el escándalo de que algunas de sus películas estén por debajo de la perfección que todo gran amor postula y necesita, y que la mediocridad de ciertos directores enturbie lo que sin duda usted había buscado mientras los filmaba. Como toda narración que propone una catarsis, que culmina en un sacrificio lustral, éste se permite transgredir la verosimilitud en busca de una verdad más honda y más última; así el club hace lo necesario para apropiarse de las copias de las películas menos perfectas, y las modifica allí donde una mera supresión o un cambio apenas perceptible en el montaje repararán las imperdonables torpezas originales. Supongo que usted, como ellos, no se preocupa por las despreciables imposibilidades prácticas de una operación que el relato describe sin detalles farragosos; simplemente la fidelidad y el dinero hacen lo suyo, y un día el club puede dar por terminada la tarea y entrar en el séptimo día de la felicidad. Sobre todo de la felicidad porque en ese momento usted anuncia su retiro del teatro y del cine, clausurando y perfeccionando sin saberlo una labor que la reiteración y el tiempo hubieran terminado por mancillar.

Sin saberlo… Ah, yo soy el autor del cuento, Glenda, pero ahora ya no puedo afirmar lo que me parecía tan claro al escribirlo. Ahora

114

me ha llegado su respuesta, y algo que nada tiene que ver con la razón me obliga a reconocer que el retiro de Glenda Garson tenía algo de extraño, casi de forzado, así al término justo de la tarea del ignoto y lejano club. Pero sigo contándole el cuento aunque ahora su final me parezca horrible puesto que tengo que contárselo a usted, y es imposible no hacerlo puesto que está en el cuento, puesto que todos lo están sabiendo en México desde hace diez días y sobre todo porque usted también lo sabe. Simplemente, un año más tarde Glenda Garson decide retornar al cine, y los amigos del club leen la noticia con la abrumadora certidumbre de que ya no les será posible repetir un proceso que sienten clausurado, definitivo. Sólo les queda una manera de defender la perfección, el ápice de la dicha tan duramente alcanzada: Glenda Garson no alcanzará a filmar la película anunciada, el club hará lo necesario y para siempre.

Todo esto, usted lo ve, es un cuento dentro de un libro, con algunos ribetes de fantástico o de insólito, y coincide con la atmósfera de los otros relatos de ese volumen que mi editor me entregó la víspera de mi partida de México. Que el libro lleve ese título se debe simplemente a que ninguno de los otros cuentos tenía para mí esa resonancia un poco nostálgica y enamorada que su nombre y su imagen despiertan en mi vida desde que una tarde, en el Aldwych Theater de Londres, la vi fustigar con el sedoso látigo de sus cabellos el torso desnudo del marqués de Sade,[97] imposible saber, cuando elegí ese título para el libro, que de alguna manera estaba separando el relato del resto y poniendo toda su carga en la cubierta, tal como ahora en su última película que acabo de ver hace tres días aquí en San Francisco, alguien ha elegido un título, *Hopscotch,* alguien que sabe que esa palabra se traduce por *Rayuela* en español. Las botellas han llegado a destino, Glenda, pero el mar en el que derivaron no es el mar de los navíos y de los albatros.

Todo se dio en un segundo, pensé irónicamente que había venido a San Francisco para hacer un cursillo con estudiantes de Berkeley y que íbamos a divertirnos ante la coincidencia del título

---

[97]Glenda Jackson acted in the theatre version of *Marat/Sade* in 1965, and in the film version in 1967.

de esa película y el de la novela que sería uno de los temas de trabajo. Entonces, Glenda, vi la fotografía de la protagonista y por primera vez fue el miedo. Haber llegado de México trayendo un libro que se anuncia con su nombre, y encontrar su nombre en una película que se anuncia con el título de uno de mis libros, valía ya como una bonita jugada del azar que tantas veces me ha hecho jugadas así; pero eso no era todo, eso no era nada hasta que la botella se hizo pedazos en la oscuridad de la sala y conocí la respuesta, digo respuesta porque no puedo ni quiero creer que sea una venganza.[98]

No es una venganza sino un llamado al margen de todo lo admisible, una invitación a un viaje que sólo puede cumplirse en territorios fuera de todo territorio. La película, desde ya puedo decir que despreciable, se basa en una novela de espionaje que nada tiene que ver con usted o conmigo, Glenda, y precisamente por eso sentí que detrás de esa trama más bien estúpida y cómodamente vulgar se agazapaba otra cosa, impensablemente otra cosa puesto que usted no podía tener nada que decirme y a la vez sí, porque ahora usted era Glenda Jackson y si había aceptado filmar una película con ese título yo no podía dejar de sentir que lo había hecho desde Glenda Garson, desde los umbrales de esa historia en la que yo la había llamado así. Y que la película no tuviera nada que ver con eso, que fuera una comedia de espionaje apenas divertida, me forzaba a pensar en lo obvio, en esas cifras o escrituras secretas que en una página de cualquier periódico o libro previamente convenidos remiten a las palabras que transmitirán el mensaje para quien conozca la clave. Y era así, Glenda, era exactamente así. ¿Necesito probárselo cuando la autora del mensaje está más allá de toda prueba? Si lo digo es para los terceros que van a leer mi relato y ver su película, para lectores y espectadores que serán los ingenuos puentes de nuestros mensajes: un cuento que acaba de editarse, una película que acaba de salir, y ahora esta carta que casi indeciblemente los contiene y los clausura.

Abreviaré un resumen que poco nos interesa ya. En la película usted ama a un espía que se ha puesto a escribir un libro llamado

---

[98]'Until your letter mentioned it, I did not know of his *Rayuela*' (Glenda Jackson, letter to the editor, September 1992).

Hopscotch a fin de denunciar los sucios tráficos de la CIA, del FBI y del KGB, amables oficinas para las que ha trabajado y que ahora se esfuerzan por eliminarlo. Con una lealtad que se alimenta de ternura usted lo ayudará a fraguar el accidente que ha de darlo por muerto frente a sus enemigos; la paz y la seguridad los esperan luego en algún rincón del mundo. Su amigo publica *Hopscotch*, que aunque no es mi novela deberá llamarse obligadamente *Rayuela* cuando algún editor de «best-sellers» la publique en español. Una imagen hacia el final de la película muestra ejemplares del libro en una vitrina, tal como la edición de mi novela debió estar en algunas vitrinas norteamericanas cuando Pantheon Books la editó hace años. En el cuento que acaba de salir en México yo la maté simbólicamente, Glenda Jackson, y en esta película usted colabora en la eliminación igualmente simbólica del autor de *Hopscotch*. Usted, como siempre, es joven y bella en la película, y su amigo es viejo y escritor como yo. Con mis compañeros del club entendí que sólo en la desaparición de Glenda Garson se fijaría para siempre la perfección de nuestro amor; usted supo también que su amor exigía la desaparición para cumplirse a salvo. Ahora, al término de esto que he escrito con el vago horror de algo igualmente vago, sé de sobra que en su mensaje no hay venganza sino una incalculablemente hermosa simetría, que el personaje de mi relato acaba de reunirse con el personaje de su película porque usted lo ha querido así, porque sólo ese doble simulacro de muerte por amor podía acercarlos. Allí, en ese territorio fuera de toda brújula usted y yo estamos mirándonos, Glenda, mientras yo aquí termino esta carta y usted en algún lado, pienso que en Londres, se maquilla para entrar en escena o estudia el papel para su próxima película.

Endnotes to the texts

E1. *La guerra florida* (or Xochiyaoyotl) was a ritual war arranged from around 1450 between the Aztecs and the Tlaxcalans as a means of ensuring the provision of sacrificial victims (and thus – it was believed – the guarantee of food). Captured prisoners were given flowers before being sacrificed. As the hunting and capture gradually extended beyond the limits originally planned, Indians belonging to other tribes were caught up in the rite.

E2. This name has had symbolic connotations in Latin America since the Uruguayan writer, José Enrique Rodó, published his essay *Ariel* in 1900. Rodó saw Shakespeare's character from *The Tempest* – a spirit associated with the air rather than an embodiment of humanity – as an emblem of the future Latin America, in opposition to Caliban and the materialism of the USA. It may also be relevant here that Shakespeare's Ariel has charm, and helps to protect chastity.

E3. An example of *voseo*. In everyday speech Argentinians do not use the subject pronoun *tú* or the second person singular form of the verb found in peninsular Spanish. Instead they use the pronoun *vos* and a verb form (derived from the plural, *vosotros*) in which the stress falls on the final syllable: *vos mirás* (*tú miras*), *vos querés* (*tú quieres*), *vos pedís* (*tú pides*). Imperatives are similarly affected: *mirá* (*mira*). The *vosotros* form itself is replaced by the *ustedes* form in all contexts.

E4. *Las babas del diablo* means literally 'The droolings of the devil'. The word *babas* can refer to saliva, such as that exuding from the mouth of a deranged person (as in the expression *se le cae la baba*: 'he's a bit soft in the head'), and to a person's nature (as in *mala baba*: 'bad temper', 'nasty character'). This enigmatic title synthesises numerous ideas: (a) the narrator's faltering and chaotic expression; (b) the problem of writing and telling; (c) the narrator's rage and frustration; (d) the narrator's claim to be 'dead'; (e) the ironising of a religious metaphor (cf. p. 90: 'Pero los hilos de la Virgen se llaman también babas del diablo'); and (f) the morality of the episode seen or imagined by the narrator.

E5. The narrator's efforts to understand what has happened to him are transposed into a struggle for the right point of view, and then the right grammar. As he has lost his grasp of 'normality', his perception of 'normal' narrative standpoints and 'normal' linguistic structures is also disrupted.

E6. The narrator has lost his ability to distinguish clearly between his interior world (himself as subject, observer, and participant) and the external world (the objects and the events involved in the episode). He confuses movement in time with movement in space: the descent from his flat on the fifth floor occurred a month previously; to remember that moment involves retracing his steps.

E7. The eccentric metaphor opportunely draws attention to the narrator's inventive imagination and reintroduces the relationship between language and events.

E8. The use of a camera presupposes a controlled image, determined by a frame,

118

refracted light, and shutter speed. Roberto Michel acknowledges that only by taking a walk without his camera could he see things naturally.

E9. The narrator begins to make a distinction between the unreliability of vision as a means of perception and – presumably – the greater reliability of smell and other senses. But his failure to complete the sentence undermines his case and simply reinforces the sense that he is an unreliable narrator.

E10. With this clause, introducing the narrator's alternative conjecture that the woman does not appear to be seeking a lover for herself, the ground is prepared for Michel's subsequent inference that a third party – the man in the car – is the instigator of this scene.

E11. After three sentences in which the almost schizoid Roberto Michel views himself as actor in the drama and subject for analysis, the narrative switches back to a first-person standpoint. Michel therefore becomes simultaneously narrator, participant, analyst, and patient.

E12. The simile *como un hilo de la Virgen* is juxtaposed with the title of the story. In the context of the boy's escape (by which, perhaps, his virginity has been preserved) a delicate and attractive image is introduced, with allusions to nature (morning cobwebs), goodness, and purity. The religious note struck by *Virgen*, however, leads into the diabolical meaning of the scene as it is now interpreted by Michel.

E13. At several junctures in this story a parenthesis momentarily turns the reader's attention away from the narration of past events to a brief description of the present 'scene', occupied by passing clouds and birds. People appear to have no place in Michel's present range of perception: the frame – like that of a photograph – contains only the material that is incapable of disconcerting him, lifted out of the world of time.

E14. Verbal manipulation in these sentences gives the impression that Marini's plans actually materialise. From the 'reality' of the aeroplane (expressed by verbs in the preterite and imperfect tenses) the narrative passes through a phase of conjecture (formulated by verbs in the conditional tense) and an indeterminate phase of either prolonged conjecture or actual activity (in which verbs are omitted), to the 'reality' of the island (expressed by a return to verbs in the preterite and imperfect tenses).

E15. The abrupt switch from Marini's own point of view to that of the islanders – who are unaware of any visitors – seems to imply that Marini imagined the previous events as his plane was crashing, and managed to swim ashore before dying. The further possibilities, including the idea that the crash and death are also being imagined, are discussed in the Introduction.

E16. In 1975 Argentina was governed by the Partido Justicialista (i.e. the Peronist Party). Juan Domingo Perón's election to the presidency in 1973 had been followed by his death a year later and the naming of his widow, María Estela (Isabelita), as his successor. Under the dominance of José López Rega, Minister of Social Welfare, the regime attempted to suppress what it saw as widespread left-wing political subversion and increasingly active guerrilla movements. The sudden arrest of suspects, the use of torture during interrogation, and the subsequent disappearance of many detained people became an even more systematic procedure after the military coup of 1976, when the generals openly conducted a *guerra sucia* that led to many thousands of deaths, particularly in the period 1976–79. The names and events quoted here are – as far as the editor has been able to ascertain – factually accurate. Cortázar's story was written and

119

published during the notorious military regime. However, his choice of episodes beginning during the last months of the Peronist regime indicates a complex rather than a simple line of concern and criticism.

E17. The names of Mario Ginsberg (*sic*) and Irene Mónica Bruchstein de Ginsberg (*sic*) appear on Amnesty International's published list of 3,600 people who disappeared in Argentina as a result of political abductions between 1974 and 1979. (The date of their abduction is given as 11 May 1977.) When consulted by the editor in 1992, Amnesty International had no news that the couple had ever 'reappeared'. The introduction to the document The 'Disappeared' of Argentina (March 1980) includes the statement: 'For the overwhelming majority of Argentinian families with "disappeared" relatives there has been no news.'

E18. In the course of the story hands are both the means by which people express themselves in action and the objects from which individual personalities have been separated. It is the sculptor's hands that mould the sculptures, and Noemí's that type the text; and it is four hands working in unison that avenge the torture. The impersonal nature of cruelty is reflected in the way the police identify a victim by severed hands in a numbered flask. The act of revenge is made equally impersonal: a reversal of roles that expresses the desire for justic, but another act of human violence nevertheless.

E19. In Jack London's 'Lost Face' (1910) a fur thief awaits his turn to be killed, watching another man being tortured by women: 'The squaws bending over him stepped back with laughter and clapping of hands. Subienkow saw the monstrous thing that had been perpetrated ...' (*The Bodley Head Jack London*, Vol. IV, 'The Klondike Dream', London, Sydney and Toronto, 1966, p. 75.) London's text gives little information, leaving the reader's imagination to work on suggestion. Cortázar follows suit. The literary reference has the multiple function of softening this violent material, universalising the theme of feminine revenge, and enhancing the possibility that the episode occurs only within the mind of the protagonist/narrator.

E20. With the titles of Glenda Garson's films Cortázar plays an elaborate game. Some immediately call to mind the films of Glenda Jackson, while others remain enigmatic. The editor, who has played the game with limited success, makes the following tentative suggestions for titles mentioned here and elsewhere in the story: *El uso de la elegancia: A Touch of Class* (1973); *El fuego de la nieve*: *Women in Love*? (1970) or the play *The White Devil*? (1976); *Los frágiles retornos*: the play *Love's Labour's Lost*? (1965); *Los delirantes: Marat/Sade* (1967); *El látigo*: *The Boy Friend* (1971); *Nunca se sabe por qué*: Negatives? (1968); *El prisma: Triple Echo*? (1972). Unfortunately the plot details mentioned in the text have little bearing on these titles.

E21. 'Botella al Mar' was first published in the collection *Deshoras* in 1982, two years after *Queremos tanto a Glenda y otros cuentos*. It is an autonomous work of art, and not literally an epilogue to the earlier story: it contains the relevant linking explanations and develops them into a feature in their own right. The editor has juxtaposed the two stories here, however, in order to highlight the interrelationship between fiction and life – one of Cortázar's principal themes.

E22. Shakespeare used sea-changes as a metaphor for the transcendence of material limitations, such as those imposed by transitory human life:

> Full fathom five thy father lies;
> Of his bones are coral made;
> Those are pearls that were his eyes,

> Nothing of him that doth fade,
> But doth suffer a sea-change
> Into something rich and strange.
> *The Tempest*, I, 396–401

An inscription of words by Shakespeare on Shelley's gravestone confirms this transcendence by acting as a kind of communication between the two writers outside the normal channels. The idea foreshadows a concept introduced at the end of Cortázar's story.

E23. In a letter to the editor dated September 1992 Glenda Jackson confirmed: 'I had not heard of Julio Cortázar until I was sent a copy of his story "We love Glenda so much".'

Temas de discusión

'La noche boca arriba'

1. ¿Cuáles son los síntomas físicos que el motociclista sufre después de su accidente y mientras aguarda su operación?
2. ¿Cuáles son las inquietudes psicológicas del moteca perseguido y capturado?
3. Examina los nexos entre el motociclista y el moteca.
4. Estudia la relación entre los sueños y la realidad en este cuento.
5. ¿Cómo ajusta el autor la estructura del cuento para que conforme con el desarrollo del tema?

'Final del juego'

6. Examina la actitud de las muchachas ante las tareas domésticas y el juego.
7. ¿Cuáles son las características principales del juego de las estatuas y actitudes?
8. Estudia el papel de Leticia en este cuento. ¿Cuál es la función temática de su enfermedad?
9. ¿Por qué inicia Ariel el final del juego cuando tira el primer papelito desde el tren?
10. Analiza la función del ferrocarril, el río, las puertas, la cama, las personas mayores, la atracción sexual, el humor.

'Las babas del diablo'

11. Estudia las dificultades que el narrador tiene con la expresión lingüística. ¿Por qué no puede contar más claramente lo ocurrido?
12. ¿Cuál es la función de la fotografía en la vida de Roberto Michel hasta el momento en que saca la foto en la isla St-Louis?
13. ¿Cuáles son las diferencias entre la escena que observa y la que imagina mientras está sacando la foto?
14. ¿Qué significación tiene la traducción que Roberto Michel está haciendo del tratado de José Norberto Allende?
15. Examina las cuestiones planteadas por la ampliación de la foto.

'La isla a mediodía'

16. ¿Por qué le interesa tanto a Marini la isla Xiros?
17. ¿Cuál es el papel de la mujer en este cuento?
18. ¿Cuál es la significación temática del avión?
19. ¿Cómo es la vida en Xiros según la experiencia de Marini?
20. Si Marini salva al pasajero moribundo, ¿por qué no comprenden los muchachos que rodean el cuerpo cómo ha podido llegar a la orilla?

'Recortes de prensa'

21. ¿Cuáles son las características principales de las obras del escultor?
22. ¿Qué relaciones tiene el recorte del periódico *El País* con el tema de las esculturas?
23. Analiza el carácter de Noemí tal como se manifiesta (a) en el apartamento del escultor, y (b) después.
24. ¿Es imaginario o real el encuentro con la niña y lo que sigue en la casa de sus padres?
25. ¿Es un cuento de índole esencialmente política? O bien, ¿es un estudio de la función del artista en la sociedad?

'Queremos tanto a Glenda'

26. Explica lo que es – según el narrador – la función del cine para la gente.
27. ¿Cómo se va formando y creciendo el núcleo de los que quieren a Glenda?
28. ¿Por qué hacen los miembros del núcleo cambios en las películas de Glenda?
29. ¿Qué significa para el núcleo (a) el retiro de Glenda del cine, y (b) su retorno a la pantalla?
30. ¿Por qué introduce el autor la metáfora de una cruz en la última frase del cuento?

'Botella al mar'

31. ¿Por qué escribir este cuento (o esta carta) es como enviar un mensaje en una botella al mar?
32. Explica la función del azar en este cuento.
33. ¿En qué sentido se siente el autor víctima de una venganza? ¿Por qué termina rechazando la idea de que sea una venganza?
34. ¿Cuál es el papel de los 'terceros que van a leer mi relato'?
35. ¿Cuál es 'ese territorio fuera de toda brújula' en que el autor y Glenda están mirándose?

Temas de disertación

1. ¿Hasta qué punto se puede afirmar que los cuentos de esta colección pertenecen al género llamado fantástico?
2. ¿Cómo investiga Cortázar los límites de la realidad?
3. Analiza las varias representaciones de 'este lado' y del 'otro lado' en los cuentos de Cortázar.
4. Examina la opinión de que los temas de Cortázar son fundamentalmente metafísicos.
5. ¿Cuáles son las preocupaciones psicológicas que más acosan a los personajes de Cortázar?
6. Analiza el tema del tiempo en los cuentos de Cortázar.
7. 'Si en otro tiempo la literatura representaba de algún modo unas vacaciones que el lector se concedía en su cotidianeidad real, hoy en día en América Latina es una manera directa de explorar lo que nos ocurre' (Julio Cortázar, 1981). ¿Hasta qué punto se notan las dos tendencias en esta colección?
8. 'Me parece muy bien que algunos escritores ... escriban libros sencillos para la masa. ... Pero otros escritores no hemos nacido para eso.' Comenta los cuentos en esta colección a la luz de esta opinión de su autor.
9. ¿Hasta qué punto se puede afirmar que Cortázar era un escritor colocado entre América Latina y Europa?
10. ¿Qué opinas de la descripción de Cortázar como un escritor profundamente moral?
11. ¿Qué efectos tienen las personalidades de los narradores en el material que cuentan?
12. Analiza el uso del humor y la ironía en estos cuentos.
13. Cortázar confesó que 'el cuento suele terminar de una manera totalmente distinta de lo que yo había previsto'. ¿Acusan los desenlaces de sus cuentos esta característica?
14. En estos cuentos ¿qué pruebas hay de que para Cortázar 'el lenguaje no siempre es adecuado'? ¿Qué hace el autor para que su lenguaje exprese mejor sus ideas?

Selected vocabulary

The meanings given below are those appropriate in the context of the stories.

abarcar, to span, take in
abrazar, to embrace
abrumador, crushing
aburrido, tedious, boring, bored
acabado, consummate, masterly
acallar, to silence
acariciar, to caress
acatar, to respect
acechar, to lie in wait (for)
acecho, al -, on the watch
acera, pavement, sidewalk
acertado, correct, wise
acólito, acolyte, altar boy
acompasar, to mark the rhythm (of)
acomodar, to adjust, to make comfortable
acorralar, to corner, round up
acosar, to hound, pursue, obsess
acoso, pursuit
acusar, to show, register, accuse
adecuar, to fit
adelantarse, to go ahead, get in first
adivinar, to guess
adoquín, paving stone, wooden block
advenedizo, upstart, outsider
advertir, to notice
aferrar, to grasp, seize; —**se**, to cling
afiche, poster
aficionado, amateur
afiebrado, feverish
agachar, to duck; **- la cabeza**, to bow one's head
agacharse, to crouch
agarrotar, to tie tightly
agazaparse, to be concealed
agitar, to wave
agotar, to exhaust

agregar, to add
aguantar, to endure
águila, eagle
aguja, needle
agujero, hole
ahogado, muffled
aislado, isolated
ajedrez, chess
ajeno, alien, foreign, belonging to others
ala, wing
alambrado, wire netting
alambre, wire
alarde, display
alarido, shriek
alcanzar, to reach, manage, hand over
alejarse, to go away
alentar, to encourage, breathe
alfabetizadora, maestra -, teacher of reading and writing
alhaja, jewel
alimentar, to feed
aliviar, to relieve, soothe
alivio, relief
almácigo, seedbed
almohada, pillow, cushion
alto, pause, high
altura, height, point
alumbrado, farol de -, street lamp
alumbrar, to light up
alzar, to lift up
amanecer, to dawn, appear, be ... in the morning
amarillento, yellowish
ambiente, atmosphere
amenazar, to menace, threaten
amontonamiento, accumulation
amordazar, to gag

125

ampliación, enlargement
ampliar, to enlarge
amuleto, amulet, charm
ancho, wide, broad
andamiaje, staging
andando, moving
angosto, narrow
anillo, ring
anís, aniseed
animarse, to pluck up courage
antemano, de -, beforehand
anteojos, spectacles
antipático, unpleasant, uncongenial
antorcha, torch
anudar, to knot
apagado, muffled, lifeless
apagar, to go out, extinguish
apartarse, to part, become separated
ápice, height
apio, celery
aplacar, to calm down
aplastar, to crush
apoyado, leaning
apoyarse, to lean
apremiante, pressing
apretar, to press together
aprontar, to get ready quickly
aprovecharse (de), to take advantage
  (of)
apurarse, to hurry
araña, spider
arbusto, shrub, bush
arcilloso, clayey
arco, arch
arista, edge, arête
armar, to get ready; **- un lío**, to create
  confusion, make a fuss; **-una**
  meresunda, to kick up a great fuss
armario, cupboard
arrancar, to pull off, start
arrastrar, to drag, draw
arrecife, reef
arremolinarse, to swirl
arrepentirse, to repent, regret
arrojar, to throw, fling
arroz, rice
arruga, wrinkle
arrugar, to crumple
asomarse, to appear, show oneself

aspereza, roughness
asqueroso, loathsome
asunto, matter
arriba, boca -, face upward, on one's
  back; **para -**, uppermost
atabal, kettledrum
atado, packet
atajo, short-cut
atar, to tie
ataviar, to array, dress up
atento, observant
aterrado, terrified
atisbar, to peep
atrapar, to catch, capture
atrás, behind
atravesar, to pass through, cross
auxiliar, to aid
avergonzarse, to be ashamed, be
  embarrassed
avispa, wasp
avivar, to stoke, heat up
azar, chance, fate, accident
azoramiento, alarm, confusion
azorar, to alarm
azotar, to whip
azulado, bluish

baba, saliva, drooling, slime
babor, port side
bailarina, dancer
bajo, short, low
balanceo, rocking, swinging
balasto, ballast
balcón, balcony
bandeja, tray
bañar, to bathe, wash
barraca, hut, cabin
barrer, to sweep
barrio, de -, suburban
barro, mud
bastón, stick
bienes, benefits
bifurcarse, to diverge, go off at a
  tangent
blandir, to brandish
blando, soft
blanquecino, whitish
blusa, blouse
boca arriba, face upward, on one's back

bocanada, mouthful, gust
bolsillo, pocket
bombacha, panties
borbotón, bubbling sound
borde, edge, border
bordear, to border
borrar, to erase
borroso, blurred
brasa, burning tip
brillar, to shine
brincar, to bounce, jump
brinco, de un -, in a trice
broma, joke
bromear, to joke
brújula, compass
bruma, mist
brusco, sudden
buche, mouthful
burbuja, bubble
burla, taunt
burlón, mocking
butaca, seat, stall

cabalgar, to ride
cabo, end, tip; al fin y al -, when all is
    said and done
cacerola, saucepan
cafetera, coffee pot
caja, box
cajón, crate
calabazo, dungeon, prison
caldo, broth
caleta, cove
caliente, warm, hot
calzada, road
callado, silent
callejero, (of the) street
camilla, stretcher
cansancio, tiredness
cansarse, to tire
cantero, bed, plot
canto, de -, edgeways
caña, cane
caoba, mahogany
cara, face; - anterior, front (part)
carajo, hell!
carencia, deficiency
carey, tortoiseshell
caricia, caress

caridad, charity
cariño, affection
carnero, sheep
carrera, run, running, rush
carrito, trolley
cartel, poster, bill, credits
cartucho, paper cone
castigar, to punish, strain
castigo, punishment
causa, lawsuit
causante, la -, the woman responsible
caza, hunt
cazador, hunter
ceder, to yield, give way
ceja, eyebrow
celos, jealousy
ceñidor, sash, girdle
ceñir, to girdle, fasten around the waist
cernerse, to hover, threaten
cerrar filas, to close ranks
cerrojo, bolt
cicatriz, scar
cielorraso, ceiling
ciénaga, swamp
cincelar, to chisel
cintura, waist
cisma, split
cita, date, appointment
ciudadanos, derechos -, citizens' rights
clausurar, to close, bring to a close
clavar, to stick in, bury, rivet
cobardía, cowardice
cobre, copper
coima, bribery
cola, tail, queue
colchón, mattress
colérico, angry
colgar, to hang
colmillo, tusk
colocar, to place
colorado, red, coloured
collar, necklace
comba, bend
comercio, shop, business
comienzo, beginning
comisaría, police station
cómodo, comfortable, convenient
complacencia, indulgence
complacer, to indulge, please

comprometido, involved, committed
compuesto, composite
concurso, collaboration
condiscípulas, fellow pupils, schoolgirls
confiar, to entrust
conseguir, to get, manage
consejo, advice
consiguiente, consequent
consumar, to carry out
contar, to tell
contusión, bruise
convenir, to agree
copa, glass, cup; **- de árbol**, treetop
corbata, tie
coronar, to crown
correr, to run, drive
corresponsal, correspondent
corromper, to corrupt
cortadura, cut
corte, cut
cosquilla, tickle, uneasy sensation
cotidiano, daily
cuesta, slope
curtido, tanned
crispación, tension
crispar, to twitch, contract
crujir, to creak
cruz, cross, burden
cuadra, block
cuarzo, quartz
cucharita, little spoon
cuello, neck, collar
cuerdo, cord, rope
cuero, leather, skin
culpable, guilty
cumplimiento, fulfilment
cumplir, to fulfil

debatir, to debate
decepción, disappointment
decepcionar, to disappoint
declamar, to hold forth
decoro, decorum
dedo, finger
defectuoso, faulty
delgado, thin, slim
demarcar, to mark out
demorar, to delay, **-se**, to take a long time
departamento, flat

depositario, repository
derecho, law; **derechos ciudadanos**, citizens' rights
derivar, to drift, direct, shunt
derroche, squandering
derrotar, to defeat
desabotonar, to unbutton
desahogarse, to relax
desaliento, dejection, discouragement
desangrarse, to lose a lot of blood
desánimo, dejection
desazón, tastelessness
desbaratar, to spoil
descansar, to rest
descartar, to discard, rule out
descompuesto, not ready, upset
desconcertar, to upset
desconfiar, to lack trust, doubt
desconocido, unknown
descubrimiento, discovery
desembocar (en), to lead (into)
desengaño, disappointment
desenlace, outcome, denouement, ending
desenvoltura, naturalness
desfallecimiento, weakness
desflecado, unfringed
desgarrar, to tear, rip
desgracia, misfortune
deshecho, shattered
deshora, a -, at the wrong time
deslizar, to slip in
deslumbrador, dazzling
deslumbrante, dazzling
desmayo, unconsciousness, faint
desmigajar, to crumble
desnudar, to strip
despacio, slowly
desparramo, confusion, disorder
despegar, to clear, unstick
despeinar, to ruffle someone's hair
despejar, to clear
despierto, awake
desplegar, to display
despreciable, worthless
desprecio, disdain
destrozar, to shatter
desvencijado, rickety
desvergüenza, effrontery, nerve

128

desviar, to deflect; **-se**, to swerve
detenido, careful, lengthy, stationary
día, al otro -, next day
diablo, devil; **qué diablos**, what the hell!
diáspora, dispersal
dilatar, to expand
dique, barrier
dirigir, to lead, direct
disculpa, apology
disimular, to hide, disguise
disimulo, disguise, dissimulation
dispensador, dispenser
disponibilidad, availability
distraerse, to be distracted
distraído, absent-minded, dreamy, casual
divertido, entertaining
divisar, to discern
doblar, to fold, bend
dolorido, in pain, distressed
don, gift
dorado, golden
dorso, back
dracma, drachma (Greek currency unit)
dudoso, dubious, doubtful
dulzón, sweetish
dulzura, gentleness, softness
durmiente, railway sleeper, tie

ecuánimemente, impartially
edredón, eiderdown
Egeo, Aegean
elogiar, to praise
embargo, sin -, however
embotar, to dull, blunt
empalme, connection, junction
empapar, to saturate
empequeñecerse, to grow smaller
empresa, enterprise
empujón, push
enano, dwarf
encanto, charm
encaramarse, to perch
encuadre, setting, frame
enderezarse, to straighten up
endurecimiento, stiffening
encogerse de hombros, to shrug one's shoulders

encono, spite, ill-feeling
encorvado, stooping
enfermera, nurse
enfilar, to line up
enfoque, focus
enfrentamiento, clash
enfrentar, to put face to face
enfrente, opposite
engallado, haughty
engañar, to deceive
engaño, deceit
enharinar, to flour
enojo, anger
ensangrentado, bloodstained
ensayarse, to rehearse
enterar, to inform; **-se**, to find out
enterrar, to bury
entornar, to half-open
entrega, surrender
entretener, to entertain
entrever, to glimpse, make out
entrometido, busybody, meddler
enturbiar, to cloud
envidia, envy
envidioso, envious
envío, consignment, shipment
envión, push; **de un -**, in one go
envolver, to wrap, to envelop
enyesado, (in) plaster cast
errar, to roam
esbelto, slender, willowy
esbozar, to sketch, outline
escalinata, (flight of) steps
escalón, step
escaramuza, skirmish
escarpado, steep
escenario, setting
esconder, to hide
escoria, dross
esculpir, to sculpt
escultor, sculptor
escupir, to spit (out)
esfuerzo, effort
esmerarse (en), to take great pains (to)
espalda, back; **de -s**, on one's back; **dar la -a**, to have one's back to, to turn one's back on
espantapájaro, scarecrow
espanto, terror

espátula, palette knife
espiar, to spy
espina, thorn
espuma, foam
espumoso, frothy
esquina, corner
estacional, seasonal
estado, state
estampar, to print
estaño, tin
estaquear, to stretch out on stakes
estético, aesthetic
estómago, stomach
estremecedor, disturbing
estremecerse, to tremble
estrenar, to release, give its première
estribación, spur
estribo, running board
estropear, to damage
etapa, stage, phase
etiqueta, label
exaltar, to intensify
exigente, demanding
exigir, to demand
expectativa, expectation
extrañarse, to be surprised

falsedad, falseness
faltar, to be missing
falúa, launch
familiar, (of the) family
fango, mire, mud
farallón, cliff
farmacia, chemist's shop
farol de alumbrado, street lamp
farragoso, cumbersome
fastidioso, annoying
fatal, unavoidable, fated
feldespato, felspar
ferroviario, rail
fibra, fibre
ficha, record card
fiebre, fever
figurita, little picture card, little figure
fijadora, fixer
fijo, fixed, firm
fila, cerrar -s, to close ranks
filiforme, filamented, wire-like
filo, al - de, verging on

filtración, seepage
filtrar, to filter
fin, al - y al cabo, when all is said and done
fingir, to feign, pretend
finteo, sparring
flaco, thin, lean
fletar, to charter
flexionar, to flex
florido, in bloom, flowery, of flowers; **guerra florida**, see Endnote 1
fondo, far end, rear; **en el -**, deep down, really
forrar, to bind, line, cover
fortificante, fortifying
fosa, pit, grave
fósforo, match
fragancia, fragrance
fraguar, to plot
franco, Frank
franja, fringe
franquear, to cross, negotiate
frasco, flask, bottle
frase, sentence
fregar, to scour, scrub
frenar, to brake
frente, de -, head on, from directly in front
frescura, freshness, coolness
frito, fried; **papas fritas**, potato chips
frotar, to rub
fuga, flight, escape
furtivo, stealthy
fusilar, to shoot, execute

ganar, to win, reach
garabato, scrawl
garantía, guarantee
garganta, throat
gastar, to spend, consume
gaviota, seagull
gemelo, twin; **-s de teatro**, opera glasses
gemir, to groan
género, cloth, kind, genre
gestión, measure, step
gesto, gesture, expression
girar, to turn
goce, enjoyment
goloso, greedy

golpe, de -, abruptly
gollete, neck, throat
goma, rubber
gorda, hacer una -, to be up to mischief
gotear, to drip
gorrión, sparrow
gozar, to enjoy
gracioso, funny
grasa, grease
grato, pleasant
griego, Greek
grisáceo, greyish
grueso, thick, large
gruta, cavern
guante, glove
guardapolvo, overalls
guardar, to keep
guarnición, garrison
guerra, war
guerrero, warrior
guía, guidebook
guión, script
gusto, taste, pleasure; **a -,** at will

haragán, lazy
hastiar, to bore, disgust
heladera, refrigerator, icebox
helar, to freeze
herbario, plant collection
herramienta, tool
hervir, to boil
hierro, iron
hilo, thread, trickle
hipo, hiccup, whimper
hoguera, bonfire
hoja, leaf, blade
hombro, shoulder
horda, horde
hosco, sullen
hueco, gap, hole
huelga, strike
huella, trace
huérfano, orphan
huerto, vegetable patch
hueso, bone
húmedo, damp, moist
hundirse, to sink

ida, outward journey

ignoto, undiscovered
igual, dar -, to make no difference
impedir, to prevent
imprecación, curse
imprenta, printer, press
inadvertidamente, inadvertently
inalcanzable, unattainable
incendiar, to set alight
incómodo, uncomfortable
inconfundible, unmistakable
incontable, countless
índole, nature
indumentaria, clothing
ineficaz, ineffective
inesperado, unexpected
infarto, heart attack
infecto, foul
infierno, hell
inhabitable, uninhabitable
inmiscuirse, to get involved
inmueble, property
insólito, unusual
insospechado, unsuspected
instalarse, to settle
instantánea, snapshot
invertir, to reverse
irrisorio, derisory, ridiculous

jadear, to pant
jaque mate, checkmate
jaula, cage
jefa, chief, leader, boss
jeroglífico, hieroglyphic
joyería, jeweller's shop
judío, Jew
juego, game, play
jugada, move, trick
jugo, juice
juntar, to collect
jurar, to swear
juzgado, court

ladear, to tilt, turn
lado, de al -, next door
lagrimón, large tear
laja, sandstone slab
lamer, to lick
lámina, picture, plate
lámpara, lamp

lana, wool
lanzarse, to hurl oneself, rush
lápida, stone tablet, tombstone
lástima, pity
lastimar, to injure, offend
lastimoso, pitiful
lata, tin
lateral, side
latigazo, whiplash
látigo, whip, horseman
latir, to beat, throb
latrocinio, theft
lejano, distant
lente, lens
leña, firewood
letra, handwriting; **al pie de la -**, literally
levantino, Levantine
leve, light, slight
librería de viejo, second-hand bookshop
lidio, Lydian
liebre, hare
ligero, light, slight
lila, lilac
limonero, lemon tree
limpio, pasar en -, to make a fair copy
lindo, pretty
lío, armar un -, to create confusion, make a fuss
litoral, seaboard
liviano, light
lobo, wolf
locomotora, engine, locomotive
lomo, back, loin, spine, ridge
loza, lavar la -, to wash up
lucidez, lucidity
lúdico, playful
lustral, purifying, shining

llanamente, openly

maíz, maize, corn
maldito, damned
maledicencia, slander
maligno, malicious
mancillar, to sully
mancha, spot, stain, smudge
mandíbula, jaw, mandible
manga, sleeve

mango, handle
maniatar, to tie up someone's hands, hobble
manotazo, quitarse a -s la ropa, to claw off one's clothes
mantel, tablecloth
maquillarse, to put on make-up
máquina, machine; **- de escribir**, typewriter; **- fotográfica**, camera
marcar, to mark, set down, indicate
marea, tide, mist
marfil, ivory
marisma, marsh, mud flats
máscara, mask
matorral, thicket
matrimonio, couple
maullido, mew
mazmorra, dungeon
medida, a - que, while
medir, to measure
mejilla, cheek
menguante, waning
menoscabar, to hurt, discredit
mentón, chin
meresunda, armar la -, to make a great fuss
mezclado, mixed
mica, mica
miedo, fear
milagro, miracle
mingitorio, urinal
ministerio, ministry
mira, punto de -, viewpoint
mitad, a - de, half-way through
moco, mucus
modalidad, form
modorra, drowsiness
mojar, to wet, moisten
mojigatería, prudery
molestar, to bother
molesto, irritating, annoying
montaje, montage, piecing together
morado, purple
motocicleta, motorcycle
mueca, grimace
muelle, quay
muñeca, wrist
musitar, to mutter
muslo, thigh

nada, nothing; **la -**, nothingness, the void

nena, little girl

nexo, link

niebla, fog, mist

noveno, ninth

nuera, daughter-in-law

objetivo, lens

ocular, **testimonio -**, eyewitness report

ocultar, to hide

odioso, hateful

oler, to smell

opalino, opal-coloured

oración, sentence, speech, prayer

oreja, ear

orla (coastal) strip

otro día, next day

pabellón, (hospital) block, hut

pagar el pato, to carry the can

paisaje, landscape

pala mecánica, mechanical shovel

palmear, to pat

paloma, pigeon, dove

palpitar, to throb,

pantalla, screen

pantano, swamp, bog

pañuelo, handkerchief

papas fritas, potato chips

papelito, piece of paper

parado, stopped, standing, upright

paragüero, umbrella stand

parante, bed post

parapeto, parapet

pareja, couple

párpado, eyelid

partida, departure, game (at cards)

partir, to split, leave

pasadizo, passageway

pasar, **al -**, in passing; **- en limpio**, to make a fair copy

pasarela, footbridge

pasear, to move, parade

paseo, ride, walk

paspar, to chap

pastilla, tablet

pasto, grass

pata, leg

patriarca, patriarch

patrón, boss

pavorreal, peacock

payaso, clown

pecho, chest, breast

pedazo, bit; **hacerse -s**, to shatter

pegar, to stick, glue

peldaño, step, stair

pelear, to fight

pelele, dummy

película, film

pelirrojo, redhead

pelota, ball

pensado, thought out

penumbra, semi-darkness

peñón, mass of rock

perejil, parsley

perfil, profile

perjudicarse, to damage one's chances

perplejo, bewildered

perseguir, to pursue

persiana, blind, shutter

personajón, VIP

pertenecer, to belong

pesa, weight

pesadilla, nightmare

pesar, to weigh

pescador, fisherman

pescuezo, neck

petrificar, to turn into stone

petulante, self-satisfied

pie, **al - de la letra**, literally

piedrita, little stone

pilote, pile (architecture)

pinaza, pinnace

pintoresco, picturesque

pique, **entrar a -**, to plunge vertically

placa, X-ray plate, number plate

planchar, to iron

plantear, to raise, pose

plateado, silver, silvery

playa, beach, yard

plegaria, prayer

plomero, plumber

plomizo, lead-coloured

pluma, feather

polea, pulley

pollera, skirt

porfiado, stubborn
portador, bearer
portal, doorway
portarse, to behave
portezuela, (car) door
posdata, postscript
postre, dessert
potenciar, to promote, develop
potrillo, little colt
práctica, practice
precisar, to need
prensa, press
presentir, to have a premonition of
preso, captive
presurosamente, hurriedly
pretextar, to use as an excuse
pretil, parapet, railing
prevenir, to foresee
prever, to foresee
previsión, forecast
privar, to deprive
proemio, preface
proponer, to propose
propuesta, proposal
puchero, pout
pudor, shyness, discretion
prueba, test
puerro, leek
pulmón, lung
pulpo, octopus
pulsera, reloj -, wrist-watch
punta, point, tip, end
punto de mira, viewpoint
punzada, twinge
punzante, sharp, striking
puñado, handful
puñal, dagger
puritano, puritanical
puta, hijo de -, bastard, son of a bitch

quebrar, to break
quejido, moan, groan
quemar, to burn
quieto, motionless, still
quinta, small estate

rabia, fury, resentment
rabioso, furious
radio(grafía), X-ray

radiotelegrafista, radio operator
ráfaga, gust, burst
ralo, sparse, thin
rama, branch
raquítico, miserly
rasguños, scratches
raso, smooth, clear
rastro, trail, track, scent
rato, short while, moment; **a -s**, at times;
    al -, shortly after
ratón, mouse
rayuela, hopscotch
rebotar, to bounce, to rebound
rebote, rebound
recatado, shy, secluded
receloso, suspicious
recibimiento, hall
reclamar, to demand
recoger, to collect
recomponer, to mend
recordación, memory
recortar, to outline, trim
recorte, cutting
recurso, appeal
recusación, legal challenge, counter-
    accusation
rechazar, to reject
rechazo, rejection
redondo, round, complete, successful
reemplazante, replacement
reencontrar, to re-encounter
reestreno, re-release
refugiarse, to take refuge
regio, splendid, majestic
regreso, return
regusto, unhealthy pleasure
reino, kingdom
relajamiento, relaxation
relieve, relief; **en -**, three-dimensional
rellenar, to fill up
rematar, to finish
remolcar, to tow
remorder, to prick (conscience)
remover, to dig over
rencor, bitterness, resentment
rendija, crack, chink
reparo, objection, doubt
replegarse, to draw back
reposición, revival

134

reseco, dried out
resplandor, glow, brilliance, blaze
restallar, to crackle
restante, remaining
restituir, to restore, return
restos, remains
resuelto, resolute
retorcerse, to twist, writhe
retozo, romp
rezumar, to ooze
ribete, embellishment
riesgo, risk
rincón, corner
rodaje, filming, shooting
rodilla, knee
rojizo, reddish
rollo, roll
ronco, hoarse, harsh
ronronear, to purr
rosa, pink
rubí, ruby
rulo, curl
rumbo, way, direction
rumia, rumination

sabedor, aware
sabor, taste
saborear, to savour
sacar, to pull out
sacerdote, priest
saciar, to satisfy, fulfil
saco, coat
sacudida, shaking
sacudir, to shake
sagrado, sacred
saldo, balance, remnant
salido, leaning out
saliva, feeling, taste
salpicadura, splash
salpicar, to splash
salto, jump
salvia, sage
salvo, a -, safe, safely
sangrar, to bleed
sano, healthy
saturar, to saturate, get too much for
sauce, willow
secar, to dry
seccionar, to divide up

seco, dry, brusque, curt
secuela, consequence
secuestrar, to kidnap
sedoso, silky
seguido, consecutive
seguridades, reassurances
sendero, path, track
seno, breast
sentado, dar por -, to take for granted
sentar, to suit, set
sentenciar, to proclaim, give a verdict
seña, sign; **-s**, address
sepultura, burial
seto, fence
sidra, cider
silbar, to whistle
silla, chair
simulacro, pretence
siquiera, even
sirio, Syrian
sobra, me -, I have plenty of; **sé de -**, I
   know only too well
sobrado, con tiempo -, with time to
   spare
sobrar, to exceed
sobre, envelope
sobretodo, overcoat
sobrevenir, to ensue
sobrevolar, to overfly
socarrón, ironical, sly
sofocado, stifled
soga, rope, cord
sombrío, sombre
sonido, sound
sopapo, bash
sordamente, in a suppressed way,
   inwardly
sortear, to draw lots, to choose by
   drawing lots
sosiego, calm, peace
sostener, to hold up
suceder, to happen
sudar, to sweat
suela, sole
sueldo, salary
sujetar, to fasten
sujeto, fastened
sumo, a lo -, at most
superarse, to excel oneself

súplica, entreaty
suspirar, to sigh
sustituir, to replace, substitute
suturar, to stitch

tabla, board
tablón, plot
taburete, stool
taconear, to tap
tacha, blemish
tacho, washbasin
talud, bank, slope
tallar, to carve
tambaleante, lurching, swaying
tanto, **en - que**, while; **al -**, in touch, informed
tapa, cover
tapado, coat
tapar, to conceal, hide, cover
taparrabo, loincloth
tapia, garden wall
teclado, keyboard
techo, roof
tejer, to weave, knit, sew
tela, cloth
tembladeral, quagmire
temblor, shaking
temible, fearful
tempranamente, early
tentativa, attempt
teñir, to tinge, stain
teocalli, Aztec temple
terciopelo, velvet
terraplén, embankment
tersura, smoothness, shine
testigo, witness
testimonio ocular, eyewitness report
tibio, tepid, lukewarm
tientas, a -, groping
tilingo, fool
timbre, bell
tinieblas, darkness
tirar, to throw, throw away, haul
tirón, de un solo -, all in one go
tironear, to haul, yank
toalla, towel
tobillo, ankle
tocar, to touch, to be the turn of

toma, shot (photo)
tomillo, thyme
tomo, volume
torcer, to twist, turn
torno, en -, around
tuco, type of sauce
torpe, clumsy
torpeza, clumsiness, mistake
tortuga, turtle
toser, to cough
traducción, translation
tragar, to swallow, gulp down
trago, drink
trama, plot
trampa, trap, fraud, trick
trancar, to bar
transgredir, to transgress
transpiración, perspiration
trapo, rag, article of clothing
traslúcido, translucent
trastrocar, to switch, transform
trastos, junk, gear
tratado, treaty
trayecto, route, journey
trecho, stretch, distance
tremendismo, coarse realism
trenza, pigtail
trepador, climbing
trepar, to climb
tricota, pullover
trocito, little piece
tropezar, to stumble
tropezón, blunder
tuerca, nut
turbante, turban

ubicar, to locate
umbral, threshold
usuario, user

vacío, emptiness, void
vaivén, swinging, to-and-fro
valorizar, to enhance the value of
varón, male
velar, to keep watch
veleta, weather vane
velo, veil
vengarse, to take revenge
ventaja, advantage

ventajeo, advantage seeking, one-upmanship
ventanal, large window
ventanilla, window
ventear, to sniff
veras, de -, really
verdadero, true
vereda, pavement
vergüenza, shyness, shame
verificar, to verify
verter, to pour, shed
veteranía, veteran's status
vía, track, railway line
vicario, vicarious
vidrio, (piece of) glass
vientre, stomach
vigilante, caretaker, watchman, supervisor
vigilia, wakefulness
virar (a), to veer (towards), change (into)

vislumbrar, to glimpse
visor, viewfinder
víspera, day before, eve
vitrina, (shop) window
vivac, bivouac
viveza, sharpness
volcar, to knock over, tip
volver, to turn
vuelo, flight
vuelta, return

yeso, plaster
yodo, iodine

zafarse, to break loose
zaguán, lobby, hallway
zambullirse, to dive
zorro, fox
zumbar, to buzz, hum